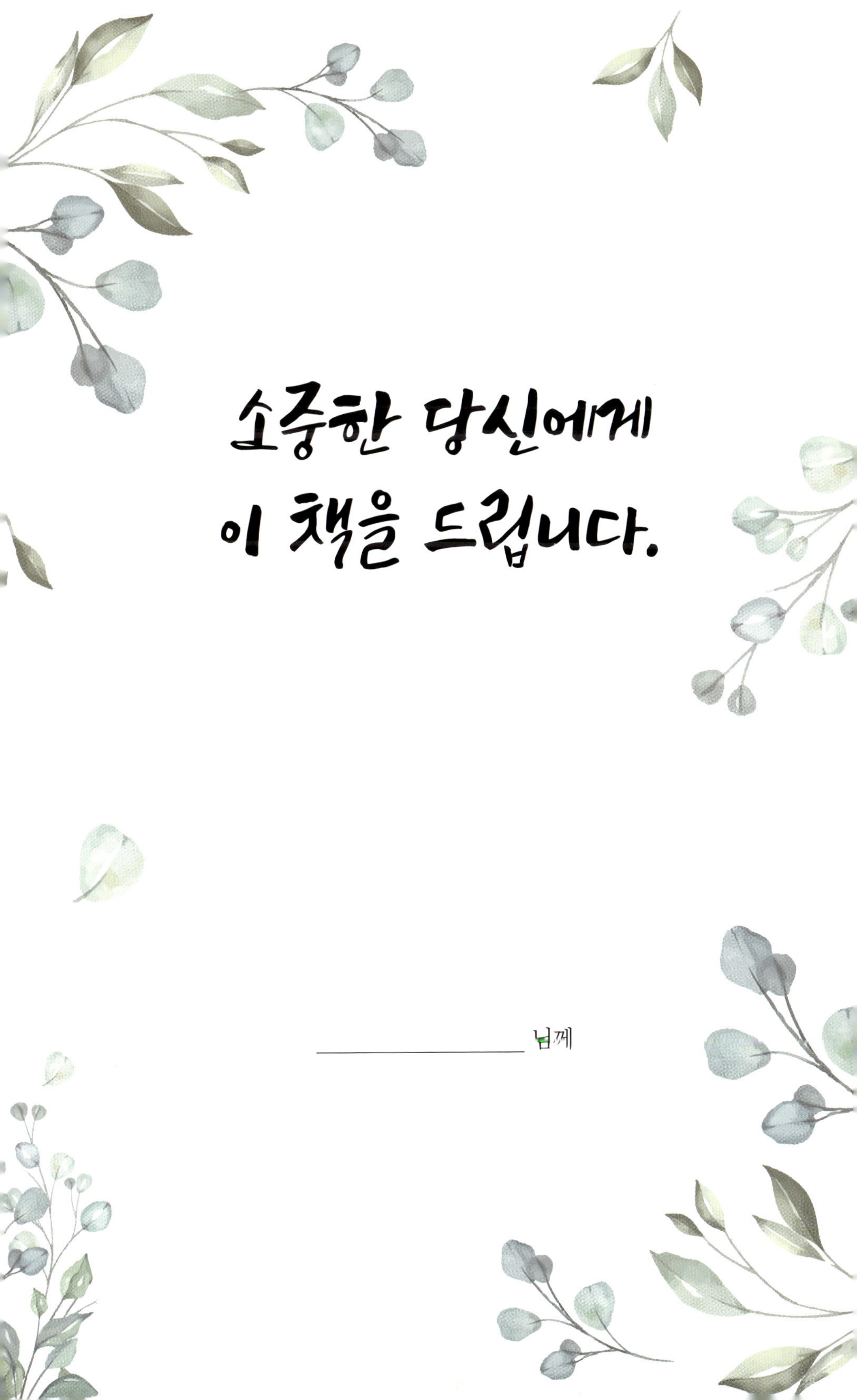

소중한 당신에게
이 책을 드립니다.

______________ 님께

시와 사진

빙점의 영혼이여

시와 사진

빙점의 영혼이여

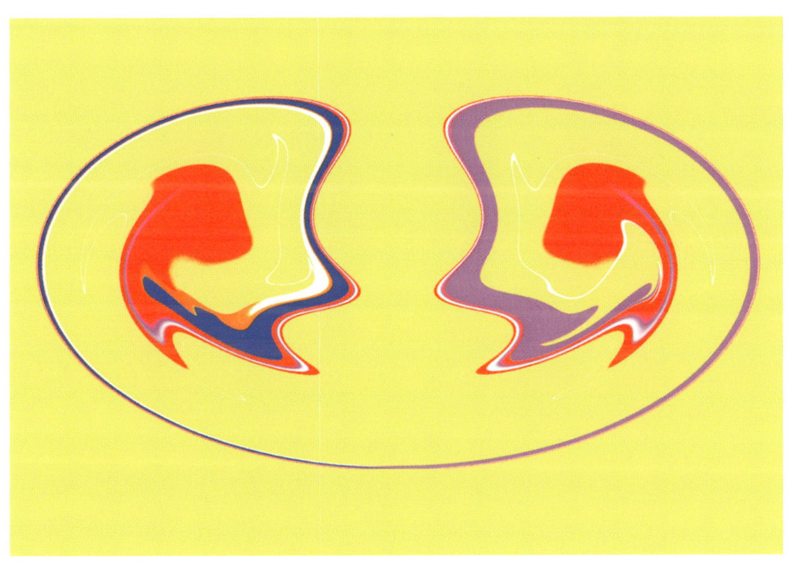

달과소

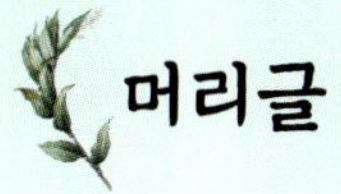

머리글

내 안에서 뿌옇게 일고 있는 미세먼지처럼 이야기들이 희미하게 알몸을 드러내며 서 있습니다. 바람 불면 날아가고 말 먼지들. 그 속에서 숨 쉬고 있는 기관지의 고통을 알고 있는지.

몸 안에서 아직 꿈틀대고 있는 욕망들 버리지 못하고 있는 현실 앞에서 억새의 씨방처럼 다 바람에 날려버릴 수 있다면 가벼운 마음으로 여행을 마감하는 것이 꿈입니다.

속도는 조금 느려졌을지언정 성실히 발걸음을 옮기는 은근한 열정으로, 기나긴 여정의 또 다른 길목 앞에서 한 번 더 모험을 시작합니다. 20년하고도 한참 쓴, 자식 같은 글을 책으로 엮었습니다. 좋은 글을 선별하려니 힘이 들어 어릴 적 고무신을 던져 길을 가던 그때처럼 눈 감고 골랐습니다.

특별히 발문을 써주시고 책이 인쇄되기까지 돌봐주신 동양일보 조철호 회장님께 감사의 인사를 드립니다. 오늘 책이 나오기까지 가족들에게 미안하고 항상 못난 사람을 지원하여 준 아내에게 고마움을 전합니다.

2019년 6월 여름의 문턱에서

오고의

Contents

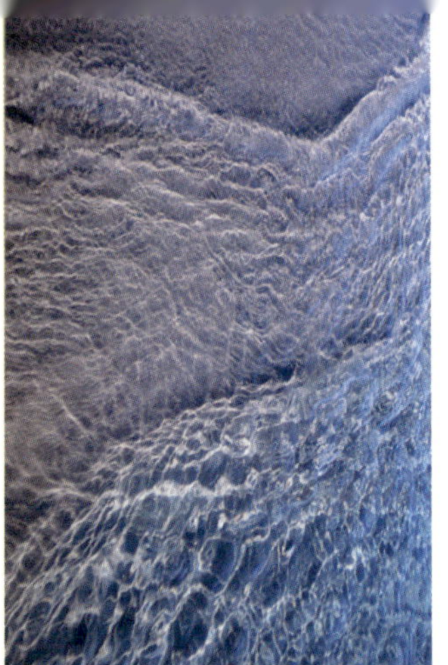

손등

책을 보려고 돋보기 콧잔등에 걸쳤습니다
초겨울 햇살은 거실로 들어와 뒤척이고 있습니다
초점 어긋난 안경 너머 손등이 보입니다
가뭄에 갈라진 저수지 바닥 같습니다

세면실로 달려가 수세미로
사정없이 닦았습니다
좀처럼 벗겨지지 않는 손등 가죽
핸드크림 바르고 싹싹 빌고 있습니다
세월 앞에

천당과 지옥 사이

번호표를 사다
가식의 허물을 벗어놓고
알몸 발목에 꼬리표 달고
속세의 무게 60킬로그램

불가마 속 오가며
열탕 뜨거운 시련도
냉탕 마비되는 고통도
수분이 증발되어 가는
갈증을 심판 받고 있다

어지러운 형벌
벌렁 누워 하나님을 부르다
부처님도 부르다
예수님을 부르다
끝내 어머니를 불러본다

연잎

푸르름의 한계는 어디까지입니까?

이슬도 스며들 수 없는 촘촘한
절개를 알고 싶습니다

늘 함박웃음으로 반기는
이유도 알고 싶습니다

비켜갈 수 없는 외길의 뜨락
빙빙 돌고 도는 이유도
알고 싶습니다

얼굴

새벽 산책길에
깜짝 놀라 걸음을 멈추었어요
가시 돋친 내 얼굴이
빈 공간에 있었어요
가까이 가보았어요
찡그리고 있는
얼굴이었어요
내가 나를 보는 것은 처음이었어요
여태껏 보여준 거울은 허상이었어요
가시 돋친 내 얼굴이 수많은 사람들의
가슴을 얼마나 찌르고 할퀴었을까요

모르고 살았어요

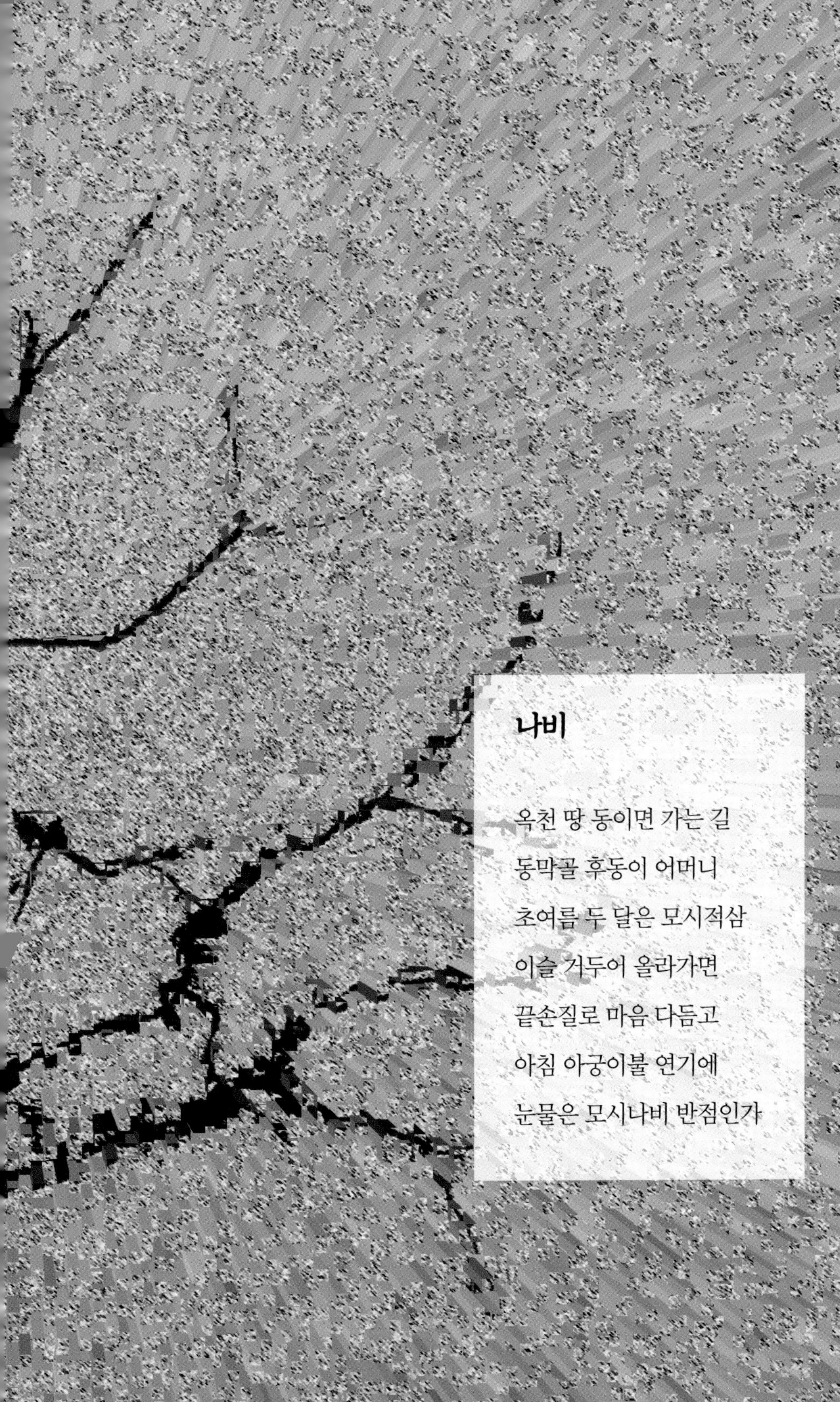
나비
옥천 땅 동이면 가는 길
동막골 후동이 어머니
초여름 두 달은 모시적삼
이슬 거두어 올라가면
끝손질로 마음 다듬고
아침 아궁이불 연기에
눈물은 모시나비 반점인가

앵두

열정의 키스
오감을 자극한 흥분
혀의 혀 액체의 교환
심장 뛰는 소리
청각은 마비되고
그녀의 빨간 입술
감각을 잃어버린 손
활활 불 속을 더듬는다
오물오물 입속을 마비시킨
정열의 키스
동글동글 굴리며
뱉어내는 흥분의 자극
그녀의 이름은 앵두

나이롱 뻥

육십년대 사라진 화투 놀이
여섯 장에 인생사 숨겨 놓고
옆 사람 눈치 보며
뻥 하는 재미에 자정은 금세

몇 회째 패가 돌고서야
마이너스 이십일 점을 잡았다
옆 사람이 죽어야 점수를 올리는 화투판
장단에 맞춰 탈춤을 추다

내 나이 육십하고도 한참
이십 살만 마이너스시킬 수 있다면
일 년 삼백육십오일 화투만 치겠다

탈춤을 추자
패를 돌려라
스무 살이 젊어진다면

마상쇼

하나가 되었다
사람이 말이 되고
말이 사람이 되고
미친 세상

몇 푼의 돈으로
사람이 말 되고
말이 사람 되는
불확실성 시대

조명 빛에 울고 있는 기수를 보았다
말의 눈물을 보았다

사람이기를 거부한 채
기립 박수를 보내며
나도 울었다
말도 울었다

천리향

바람이 두려워
이중 삼중 막아 놓은
가슴 휘도는 향기
철문 지나 천리를 갔다

곤충 한 마리 접근 불허한
질투
약으로도 치료할 수 없는
의처증
중병의 진단
기도원을 갈까
굿거리장단에 춤을 출까

가슴에 일고 있는
목마른 그리움만 잠들 수 있다면
은은한 향기에 취해 그렇게
하얀 밤 끝없이 추락하였나

연구 중

두려움 반 설렘 반으로 노크를 한다
한 조각 남은 양심마저 버리고
꽃 보러 왔다

덥석 안았다 한 아름
촉감이 아기 볼이다
왜 찾아오는지 알 수가 없다
심장까지 파고드는 향기 때문인가?
늘 새롭게 피어있는 꽃 때문인가?

식물도감에서도 찾을 수 없는
천상의 꽃
그곳에는 늘 피어있다
꽃길을 거닐다 보면 참을 수 없던 아픔도
춤추던 맥박도 평온을 찾는다

현대의학으로도 풀리지 않는 그 이유를 모르겠다!

병상일지

살결이 벗겨지도록 닦고 또 닦았다
어제까지 몰랐던 이상한 냄새가
몸 어느 구석에서 나고 있다
아내도 싫다고 거리를 두고 있다

좀처럼 지워지지 않는
찌든 노인정 그 냄새다
이부자리 볕 좋은 날
바깥바람에 날려도 보았다

꽃은 져도 향기는 그대로 있다는
어느 스님의 말씀에 화가 난다
외로움에 가슴 타는 냄새다
세월이 타는 냄새다

사진

진종일 깔깔대도
기쁨을 알지 못하면
거울도 외면한다

주룩주룩 뺨을 적시는 눈물도
깊은 곳 가슴
슬픔을 알지 못하면
사진도 찍히지 않는다

입원실

밤새도록 신음소리 가득한
입원실

무쇳덩이보다 무거웠던 어두움은
더는 머물지 못하고
새벽 창문을 열었다

사월의 짓궂은 바람에
한 잎 벚꽃이 날아들어 왔다
손바닥에 올려놓은 가냘픈
꽃잎

입바람으로 날려주었다
신음을 날렸다

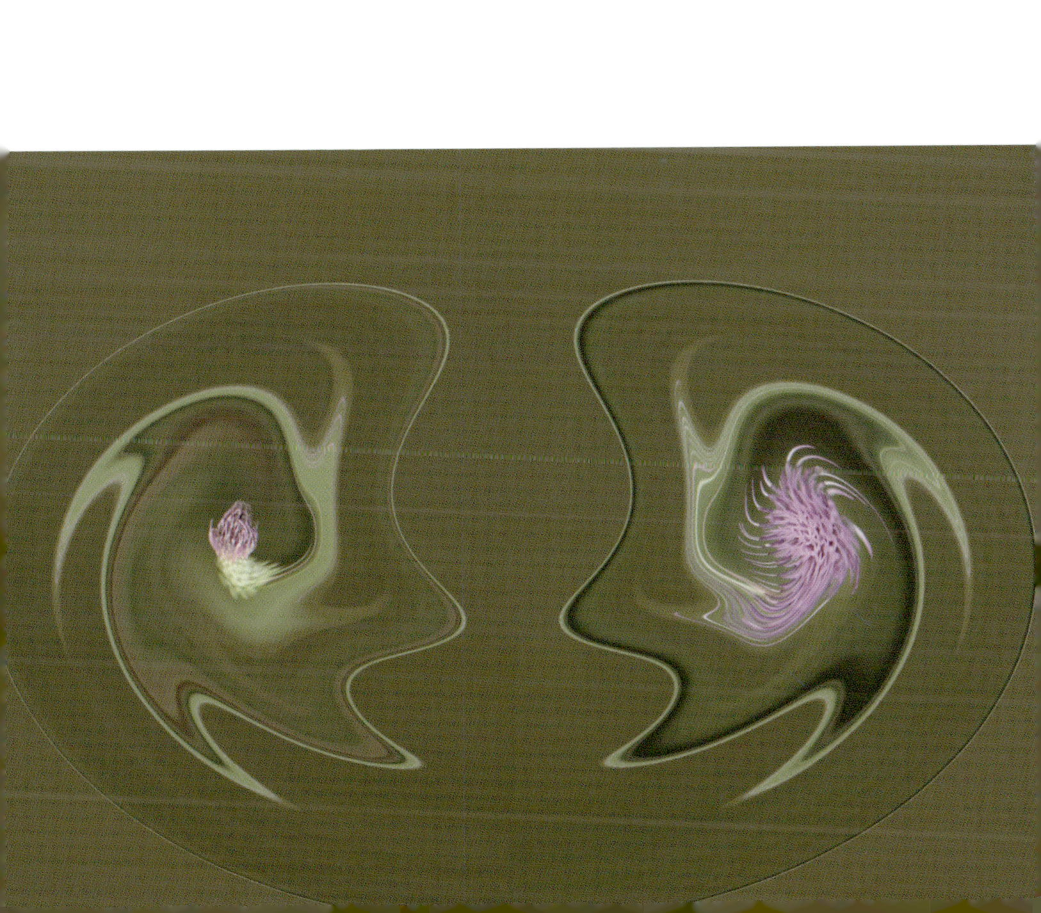

욕망

작고 작은 몸속에 　　　　숨을 곳이 그리도 많은 줄을

아직도 모르다니…….

마중

것대산 상봉고개 넘어오는
어머니 나무 등짐에는 눈물고개
진저리치도록 힘겨운 무게 위에
진달래가 한 다발 그 위로
노을이 매달려 있었다

남주동 도립병원 담장 끼고 섰던
나무전
솔잎 나뭇짐 기대놓고 팔리는 날
재수 좋은 날
보리쌀 몇 되 열 식구 허기 면하는 날

어머니 헛기침 소리에 바라본
어머니 손에는
한 다발 진달래가 들려있었다

*남주동 : 청주시 남주동

SOS

씨퀴 씨퀴 씨퀴 여기는
비 오는 주문진항
배에서 오징어 내리고 있다
불빛이 모였다는 죄목으로
어젯밤 낚싯줄에 줄줄이 엮이었다 한다

씨퀴 씨퀴 씨퀴 여기는
고문이 시작되고 있는 현장
차마 볼 수가 없다
시멘트 바닥에 마지막 먹물로 항거해도
바로 이곳이 지옥인 것 같다

씨퀴 씨퀴 씨퀴 여기는
형량이 확정된 오징어
곧바로 장기는 버려지고
하얀 살점 썰어지고
또 이송되어 가는 오징어는
곧 바로 얼음덩이 고문이 시작이다

씨퀴 씨퀴 씨퀴 …………

억새

죽음은 절대 끝이 아니다
저처럼 아름다울 수 있을까
죽음에 이르렀을 때

다 버리고 나면 실바람에도
억새 씨방처럼
자유로울 수 있을까
당신처럼 눈부신 화신으로
가벼워질 수 있을까

가벼워질 수 있을까

겨우살이

큰 상처에도 아픔 참아주며
내게 삶의 터전 마련하여주신
그 뜻 모르겠습니다

그대와 나 연인입니까?
친구입니까?

때로는 풀인지 나무인지도 모르면서
비바람 막아주는 이곳에 뿌리 내리고
노란 꽃 피워 함께 즐거움 나누며
뜻에 따르면 되겠지요
감동입니다

그분의 그늘 벗어날 수 없는
나는 겨우살이입니다

잠자리

한 계절 그대를 위하여 최선을 다했소
이제는 그런 열정도 깊은 잠 속으로 빨려 들어가고 있소
편히 잠들 수 있도록 도와주시오
힘들고 지친 모습 보여주고 싶지 않은
마음을 알아주시오
젖은 날개깃 그대의 사랑으로 날아갈 수 있도록
새벽안개 걷어주시고 햇살 한 줌 보내주시오
몸도 마음도 붉게 타 한 줌 재로 날고 싶소

끝자리에 아슬아슬한 매달림도 점점 힘에 겨워지고 있소
찬바람 한 줄 불어오면 손을 놓아야만 한다니
그대의 따스했던 체온이 전해오는 착각에서
벗어날 수가 없습니다

봄비

비가 내린다 여름 장맛비처럼
하루 건너 비가 온다
염병할 놈의 날씨
별을 보아야 뽕을 따지
허리통이 찌뿌둥하고
팔다리가 천근만근이다

기상 관상대가 몸속에서 정확한 예시를 낸다

빈대떡에 소주 한 잔 생각 간절하다

그 여인도 보고 싶다

정원에 흰 철쭉꽃이

주렁주렁 매달려 지고 있다

옛이야기를 끝없이 떠올리고 있다

택시

운전석 앞쪽의 미터기
빨리도 돌아간다
홍수처럼 밀려오는 출근 차
택시기사는 말이 없다
이곳 이 시간에는 정체가 심한 곳이다
지갑에 손이 간다
속 타는 줄 모르고 돌아가고 있는 요금
움직이지 않는 택시 뒷좌석은 가시방석이다
조바심이 난다
정체가 없는 곳으로 가면 될 것을
바보처럼 말을 못 했다
저 길로 가면 빠른데요, 좌회전하시지요
겨우 작은 소리로
평소 요금보다 삼천 원이 더 나왔다
아침부터 속이 쓰리다
커피 한 잔 값이 문제가 아니다
할 말을 못 하는 용기 없는 행동에
화가 치민다

봄소식

초인종 소리에
현관문을 열었다
화장품 판매원 아가씨였다
여러 가지 향기 전하러 왔단다
건조한 살결 촉촉이 적셔 준다는
튜브형 또 예쁜 병 속에 담긴 아직은
멀리 있는 샘플 봄소식을 주고 갔다
정신없이 돌아가는 지구의 회전
촉촉한 살결은 삭정이 되어 올 봄에
꽃피우기는 어려운 사실
판매원이 주고 간 예쁜 병 속의 향기
바르고 또 바르고 이미 퇴화된 살결
꽃가루 대신 비늘만 떨어지는 봄
오고 있다

옹기가마

고운 얼굴
하얀 불꽃 되어
춤추고 있다

한 파수 식지 않는
열기 속
막새 헐어 내던 날
눈을 감았다

불의 신

각기 다른 운명
점지하여 주었다

한 뱃속에서 태어난
다른 모습 앞에서
그 사람은 염라대왕이 되었다

무덤에서 필연 인연으로

무한의 생명으로 부활되었다

* 파수(派收) : 장날에서 다음 장날까지의 동안.
곧 닷새 정도의 시간을 말한다.

양파 2

첫사랑이다

어릴 적 아버지가 사주신
짜장면 맛 잊지 못하고 있다

찡
코끝을 울린
매콤달콤했던 작은 접시에 놓였던
하얀 얼굴
눈물 눈물이었다

문병

보훈병원 중환자실 면회시간
11시30분 병실
떨리는 참담한 현실 앞에
어금니를 물고 울음을 참고 있습니다

영혼은 이미 떠나간 빈자리
육신만이 고통을 감당하고 있습니다
영혼과 육신의 만남은 시작부터
이별은 약속된 계약관계이었나

병실 밖으로 나와 하늘을 향해
이 세상 존재하는 신들에게 기도합니다
저 신음소리 거두어 달라고
영이 떠난 육신 차마 볼 수가 없다고

가족이란 질긴 끈 옭매여 풀 수 없이 조여오는
이승의 형벌 잔인함
육신과 영혼이 함께 존재하는
계약 이루어진다면 이승에서
죗값은 조금 가벼워지겠지요

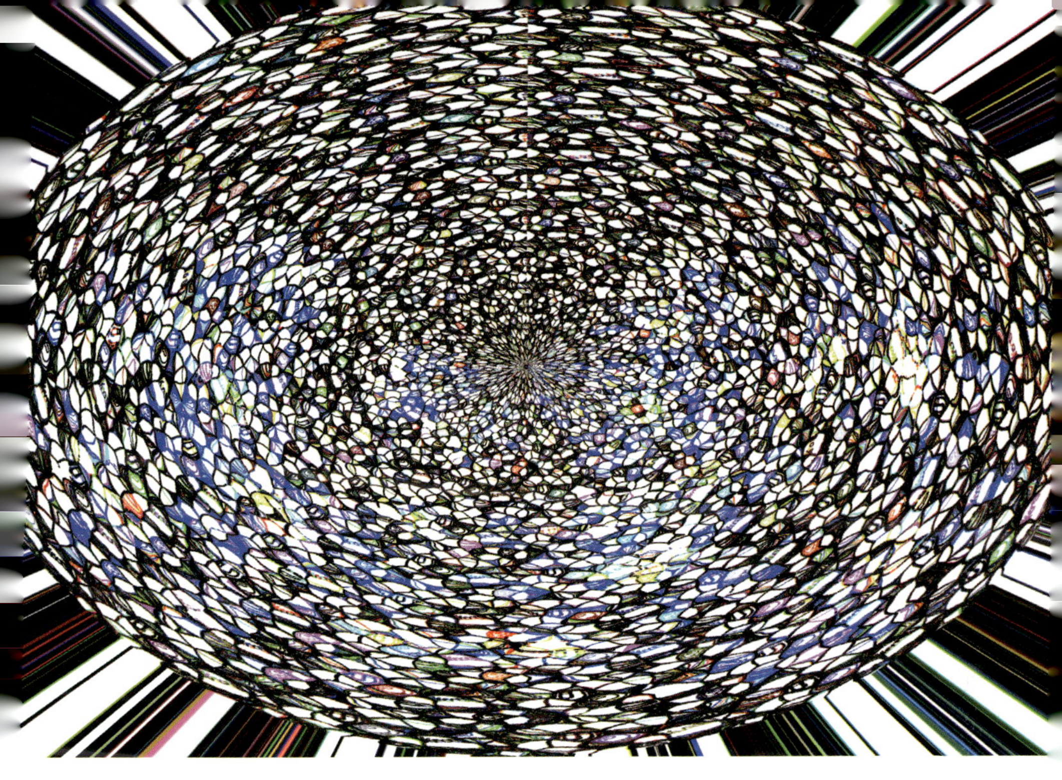

물옥잠

세상이 헝클어 놓은
구정물
조용한 침묵이
떠받드는 정화수

세상 이야기
귀 열어놓고
듣고도 모르는 척
알고도 모르는 척

가을

억새꽃
피어나지 않았더라면
아마도
시간을 잊을 뻔했습니다

살살이꽃
춤판을 보지 않았더라면
계절을 잊을 뻔했습니다

다람쥐
활기찬 몸놀림에서
대책 없는 노후를 보고 있습니다

여행 갈 가방도 챙기고
갈아입을 속옷도 준비하고
동쪽으로 갈까
남쪽으로 갈까
신발을 던져보고 떠나야 할까
생각 중입니다

잠자리의 죽음

내일은 무서리 온다 하네
어제는 어느 나뭇잎에서 이슬을 피했나
하늘 주름잡고 다닐 때 진작에
짝을 만나 수중결혼식이라도 올렸던들
지금은 고춧집 한 칸 마련하고
된서리 걱정 않고 잠자리에 들었겠지
모르는 소리 마음도 없는
집을 짓느니 지금 이 길을 선택했다네
비록 행동이 과격하다 말게나
이 다음에 내 마음을 이해하게 될걸세
부탁 하나 들어주게나
마지막 모습을……
비행의 끝자리에서

욕망

한 걸음 다가가면
한 걸음 물러가는 욕망
작고 작은 몸속에
숨을 곳이 그리 큰 줄을
이제 알았습니다

언젠가는
땅 위로 떨어질 것입니다
많은 것을 담을수록
낙수의 고통도 클 것입니다
작은 몸속에
나와 세상과 우주를 담았습니다

황량한 벌판에서 벌거벗은 채 있으려 함입니다
흔적 하나 남김없이 가져가려 함은

그대의 작은 목소리를 불러들이고 싶어서입니다
손발이 저려오는 추위 속 가슴마저 시려움은
모든 게 욕정의 입김 때문입니다

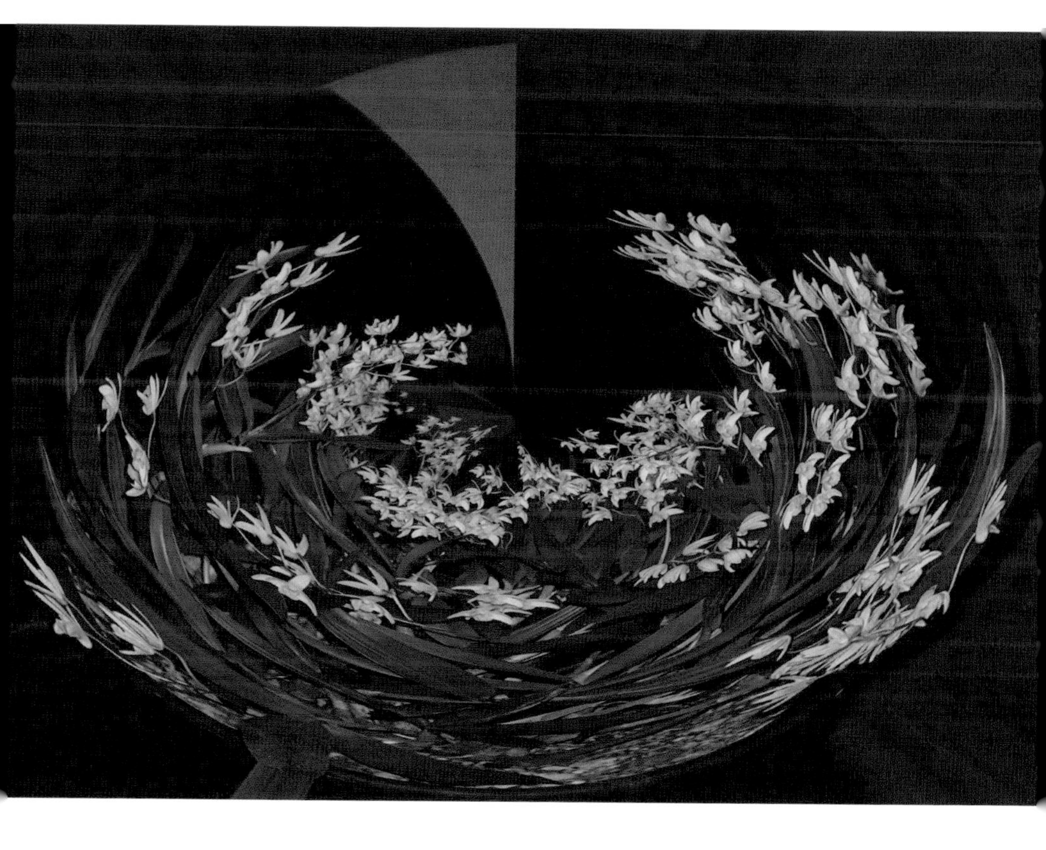

소문

작년 루사 태풍보다 더 강력한
먹구름이 몰려오고 있다
한 치도 구분할 수 없는
비바람의 위력 앞에서
무너져 내리는 나약한 육십 계단

범을 잡으려면 범의 굴속으로
가라는 단순한 진리를 알았다면

태풍의 눈 속은 바람 한 점 일지 않는
고요의 바다
다리 없는 소문은
반경 이백 킬로미터 지나고 있다

삶의 터전을 할퀴고 지난 자리
소문의 전염병
시간 가고 겨울이 오면
거울에 비추어도 보이지 않는
상처의 흔적만 남겠지

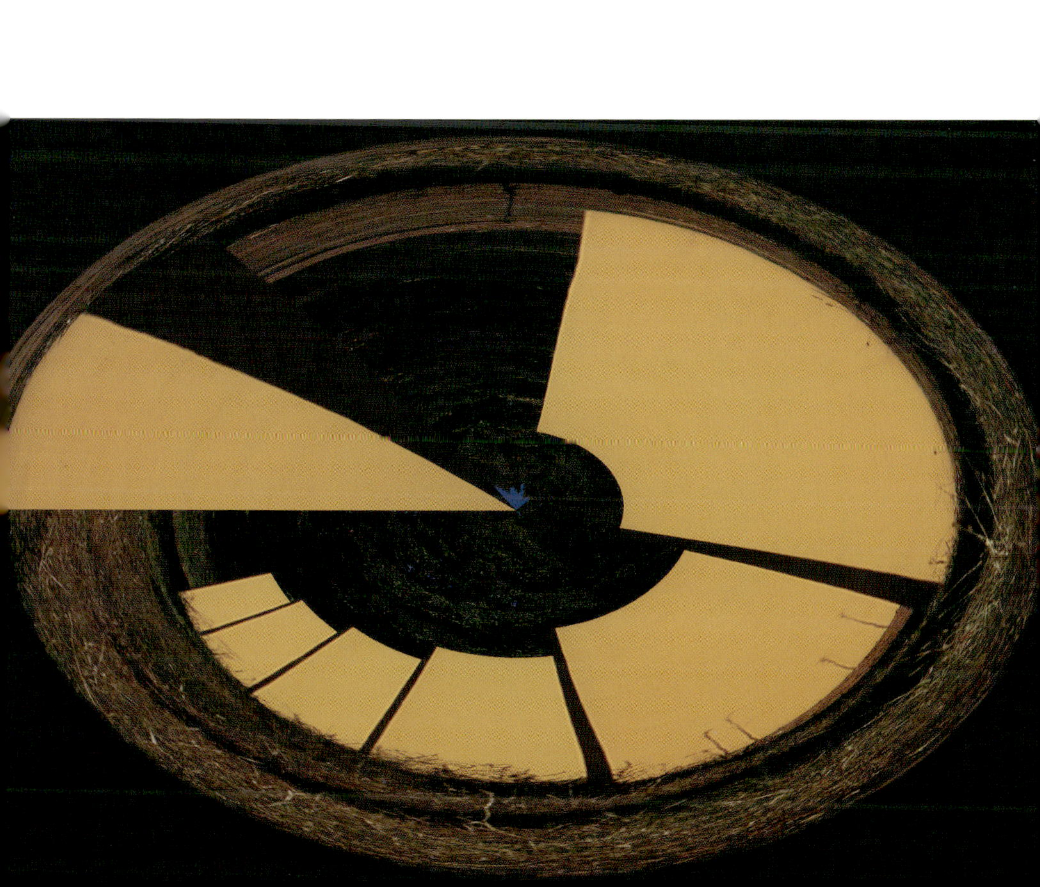

감기의 침투

비상 비상
제일 경계가 허약한 곳이 어딘가
목과 후드 쪽으로 공격 방향을 잡고
집중적으로 순찰을 강화하시오

등짝에서 서늘한 바람이 일고 있소
으스스한 한기가 감기를 침투시켰나 봅니다
전기요 온도를 높이고 또 올려도 등 쪽으로 싸늘하더니 끝내
식은땀이 목에서 등을 타고 흐르고 있소
아마도 얼마 안 가서 재채기 포탄을 조심하시오

곧 콧물이 흐르고 감기 바이러스 적군이 기습침투하여
팔다리는 물론 온몸이 쑤시고 오한이 날 것이오
중요한 건 몸에 균형을 잃어서는 안 되오
남다른 작전은 이젠 없소
무리하지 말고 휴식이나 취하여 잘 먹는 것이 최상의 방어요

지원군을 요청해도 이미 늦었소
자네 상관께서 늘 강조한 말씀을 듣지 않은 벌이오

다음부터는 목을 따스하게 하는 것이
적을 막을 수 있는 최상의 방법이오
아마도 모르기는 몰라도 따스한 가슴에 안겨 있으면
빠른 회복에 큰 도움이 될 것이오

해진 구두

마음대로 살아갈 수는 없는가
아내의 성화가 담장을 넘는다

조금씩
밑창과 뒷굽이 속살을 보이고 있다
평발인 나에게 새 구두를 신는 것은
고문 중의 고문이다

옥수수 농사를 지어 보았다
수염과 몸통이 크고 잘생긴 것은
벗겨 보면 실망스러울 때가 많다
겉모양새로는 알이 꽉 찬 것인지
구분할 수가 없다

사랑이 없는 부부들도 오랜 세월 살다 보면
정으로 살아간다 한다
해진 구두를 버리지 못하는 것은
편안함 때문이다
구두가 보이지 않도록 바지 속으로
살짝 숨겨주는 배려를 생각한다

아내의 잔소리가
오늘따라 싫지 않다

백미러

앞만 보고 육십 평생을 달려왔습니다
평탄하고 넓은 길이었습니다
가끔은 펑크가 나서 고생을 한 적도 있습니다

이제 길이 점점 좁아지고 있습니다
막다른 길인 듯합니다
뒤돌아 가야 할 것 같습니다
운전이 서툴러 백미러로
뒤돌아볼 여유가 없습니다

초보운전 딱지 떼던 날부터 속도가 빨라진 것 같습니다
뒤도 돌아볼 여유가 있던 날부터 말입니다
앞만 보고 달려온 인생길
백미러에는 나만 보일 뿐입니다
아무것도 보이지 않습니다
깜짝 놀라 백미러를 닦아 보았습니다
닦고 또 닦아도 보이는 것은
내 안에 가득한 욕심들뿐입니다
바람처럼 달려온 그 길에
내가 버린 많은 쓰레기만 보일 뿐
아무것도 보이지 않습니다

대청호 가는 길

음주단속 측정기 삐 소리
빨간 수신호에
달빛이 따라왔습니다
차창을 열고 보니
초승달 호수 깊은 곳에 있습니다
물속에다 달빛을 버리고
차창을 닫았습니다

마음만큼만 보인다는
어느 선비 말씀이 스쳐가고
활화산으로 변신한 가슴
용암 분출 직전입니다
알코올에 취한 것보다 진한 취기는
측정기를 거부했습니다

두 눈에 가득한 두려움까지
손 꼭 잡고 잠재우는
뜨겁고 찬 대청호였습니다

진달래꽃

눈물입니다
활짝 핀 꽃
미소보다 더 큰
눈물을 보았습니다

만남도
이별도 없는
에덴 동산에도
핑크빛 눈물은 있었습니다

양지 밖으로
나갈 수 없는
눈물의 사연을
이순의 고개에서야
알 것 같습니다

무념의 활개식 넘이
피고 있는 까닭을

영점

빙하 속에도
사랑은 있다

기다림은 없다
이별이 아프다는 것 모르기에

불타는 사랑도 영점에서
시작되고
영혼의 소멸도 영점에서
이루어진다

공예 비엔날레 다녀와서

쌍무지개 다리를 건넜다
육십만 시민을 태운 거대한
배 한 척 돛을 올렸다

짙은 안개 걷히고 한 곳 다가오는
신비의 세계
이 작은 눈 큰 동공을 열어 젖혔다

상상의 속으로 상상의 속으로
참으로 오랜만의 여행이다
가는 곳마다 처음으로 먹어보는
입맛 나는 갖가지 음식물
주머니 속에 넣어 오고 싶은 충동을
가슴속 깊은 곳에 담아놓았다

맛난 여행이었다
돛을 날리는 선장에게
다음 또 다음 보고 싶다고

수액

설악산 대청봉에서 엽서가 왔다
단풍의 파티가 시작되었다고
거기 그곳에서도 곧 파티 준비를
서두르라는 연락이

초록 옷을 벗지 못하였는데
초대 여인의 의상은 빨간 드레스
남성은 정장에 노랑나비 넥타이
무도회의 관행이란다
가면의 색상은 자유라고 했다

나뭇가지 끝까지 올렸던 수액
잎사귀부터 절제를 서두르랴
차질 없는 축제의 장이 되리라
오색의 불꽃 축포도 준비하고
잊지 못할 단풍 파티였다고
생각을 정리한 답장을 오늘
보냈다

진공청소기

습관이 되어 늘 손에는 청소기를 들고 다니는
아내는 결벽증이 심한 편이다
틈만 나면 달아나려는 내 마음을
흡입력 강한 바람으로 잡아두고 있다
작은 먼지로 살짝 숨어도 보지만
다가오는 청소기의 굉음

포탄이 쏟아지는 참호 속
화약 냄새 진동하는 삶의 현장
승자도 패자도 없는 허황된 놀이
늘 아내의 그늘을 벗어나지 못하고 있다

청소기 소음이 들리지 않는 곳
행복일까 불행일까
알 수가 없다

민박촌

천 근의 발걸음으로 들어선 넉자방
밖을 볼 수 있는 낮은 창에는
수명을 다한 형광등
떨면서 반기고
방 모서리 구석 주간지에
덕지덕지 묻어 있는 사연들

스위치 내리는 소리가 손끝에 머물며
외등 불빛이 어두움을 삼키고
끝으로 가는 삶
하루를 비웃고 있다
점점 감기는 시선
색 바랜 도배지 위에 머물다
그대와 입 맞추고 싶은 충동
요염한 달력 위에 내가 누워 있다

목련꽃 앞에서

참
이쁘다 이뻐
잠자는 모습
깨어나면 백목련
고고한 자태
탈바꿈하는 신비
그 안에서 함께 잠들고 있다
평온함을

저 성스러운 수면
고운 빛깔에도
아직 겨울은 조금 묻어 있다

빙어

검은 속내 숨기고
찾아간 저수지
얼음 속 꽃
낚아 올리려
미끼 없는 추 던져 놓고
미세한 떨림 기다리는
사람 사람들

더는 보일 것도 숨길 것도 없는
진저리치도록 얄미운
사랑의 결정체

한 점 부끄러움 없는
한 철의 삶
빙점의 영혼이여

지구는 요즘 요실금 환자

열흘째 찔끔 찔끔
저녁만 되면 눈발이 날린다
지구의 축이 더 기울어졌나
아름다운 지구가 변화를 일으키고 있다

요사이 밖으로 나가면
눈물이 찔끔 찔끔
찬바람과 마주칠 때면
눈물이 주르륵 흐른다
전에는 슬픔도 속으로 흐르던 것이
밖으로 주책없이 흐른다

이순의 고개는
눈물을 먹으며 넘는가 보다
빌어먹을 날씨
밤에 귀가 멍하더니 눈보라가 친다
소변도 찔끔 찔끔
눈물도 찔끔 찔끔
눈발도 찔끔 찔끔
엄청난 삶의 무게
압사 직전이다

거미

그대가 오신다는 약속으로
풍광 좋은 곳에 전원주택을
완공했습니다.

생명을 담보로 한
하룻밤의 사랑
청사초롱 불 밝히고 있습니다

품 안에 안기어 절정의 순간
생명줄 놓으려 합니다
성스러운 사랑을 위하여

등짐

무게에 좁혀진
허리 마디마디
물리치료기에 묶여 있다

몸속에 한 톨 먼지까지
털어내고 싶다
육십사 킬로그램 몸무게
백배 천배의 무게로
한 발자국 옮길 수 없는
한계

끝 보이지 않는 무리한
행군
채찍이 가해지는 아픈 삶
심장 멎을 것 같은 고통
골인 지점 없는 달리기

외신 보도에 일천여 명을
안락사시켜주었다는
의사의 용기에 부러움을 느낀다

뒤돌아보았다

텅 빈 객석 박수 소리 들리지 않는다

허탈함

깨어나지 않는 잠 자고 싶다

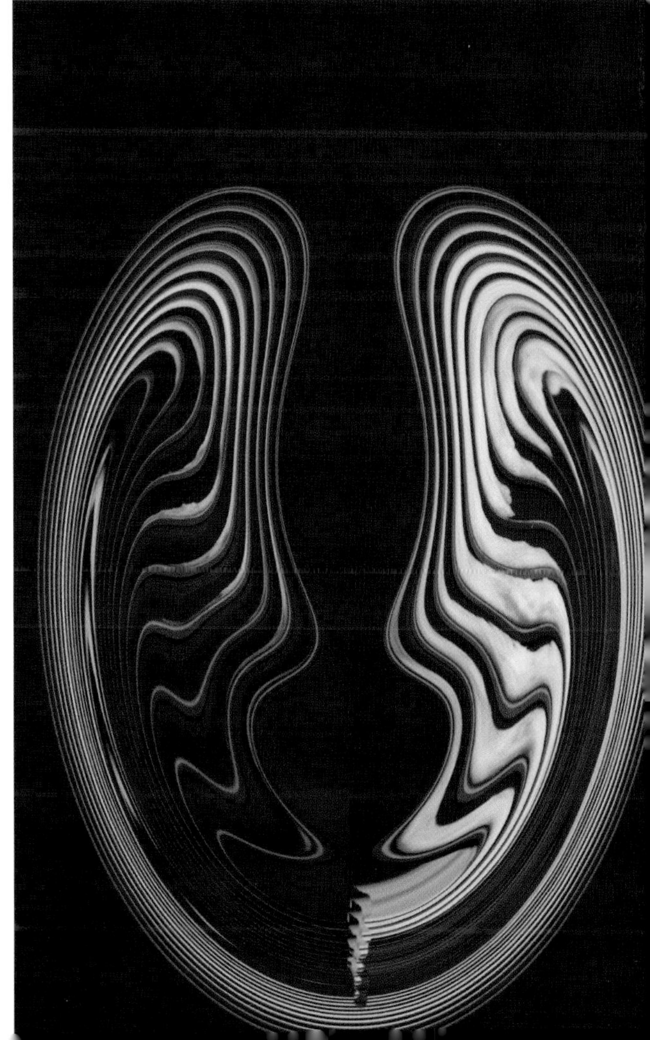

장승제

샘골 사람들의 중매로 이곳으로
시집 장가들어 온 지도 몇 해
샘골의 수호신으로 품위를 지키려고
비바람과 싸우며 지샌 낮과 밤 수년이 지났구려

고갯마루에 서낭당이 있고 그 옆으로는
돌무덤 위로 몸매 단정하고 뽀얀 당신
달빛에 처음 보는 순간 숨이 멎는 것 같았소
그 아름다웠던 모습 지금도 눈에 선하오

풍악소리가 들리는구려
이제 잡았던 손을 놓아야 할 것 같소
생각하여 보면 당신과 나 늘 마주 보고
사랑 한번 나누지 못하고 설레기만 했던 시간들

뒤돌아보시오
그래도 대를 이어가는 저 모습을
우리의 인연은 여기까지요
미련이란 두지 말고 잘 가오

불꽃 바람 타고 가시오

잘 가시오

수련

청초한 자태
내
영혼까지 흩트려 놓은
그대는 이 밤 잠들 수 있나요

너무 고와서
너무 미워서
가슴속으로 뛰어들며
마지막 호흡
멈출 수 있나요

잎 속으로만 숨지 마세요
빛으로만 미소 짓지 마시고
향기로만 유혹하지 마세요
마음의 문 열어
내
사랑의 고해성사 들어줄 수 있나요

연씨

죽어 있나요
살아 있나요
미련한 건가요
영특한 건가요 알고 싶습니다

일 년을 기다릴까요
백 년을 기다릴까요
입맛 나는 식탁 차려 주면 오시렵니까

죄악으로 가득한 이승
몸속에 담아두고
탐욕도 근심도 없는
재가불자의 마음 알고 싶습니다

꽃비도 마다하고
이리 뒹굴 저리 뒹굴
세상 이야기 담아두었다가
연화장 세계로 언제 오시렵니까

*연씨: 연밥
*연화장: 연꽃세계

밤바다

창문을 닫아도
창문을 열어도
한밤 내내 들리는 파도 소리
절반은 잠들고
절반은 깨어나
파도의 주문에
조개 발자국 따라가는
몽유병 환자

문 열고 나가 본
사랑의 빈 자리
진혼굿 춤사위
꽃으로 뿌려진
흔적 없는 파도의 무덤

구경

경치가 좋다는
관동팔경으로부터 지리산 청학동
한려수도 뱃길 7백리 다 보아도
마음 담긴 우리 집 정원만은 못하다

재미가 으뜸이라는
물구경
불구경
싸움구경 다 보아도
그대가 보여주는 미소만은 못하다

잡다한 짓거리
다하여 보아도
영혼을 안아주는
그대의 품만은 못하다

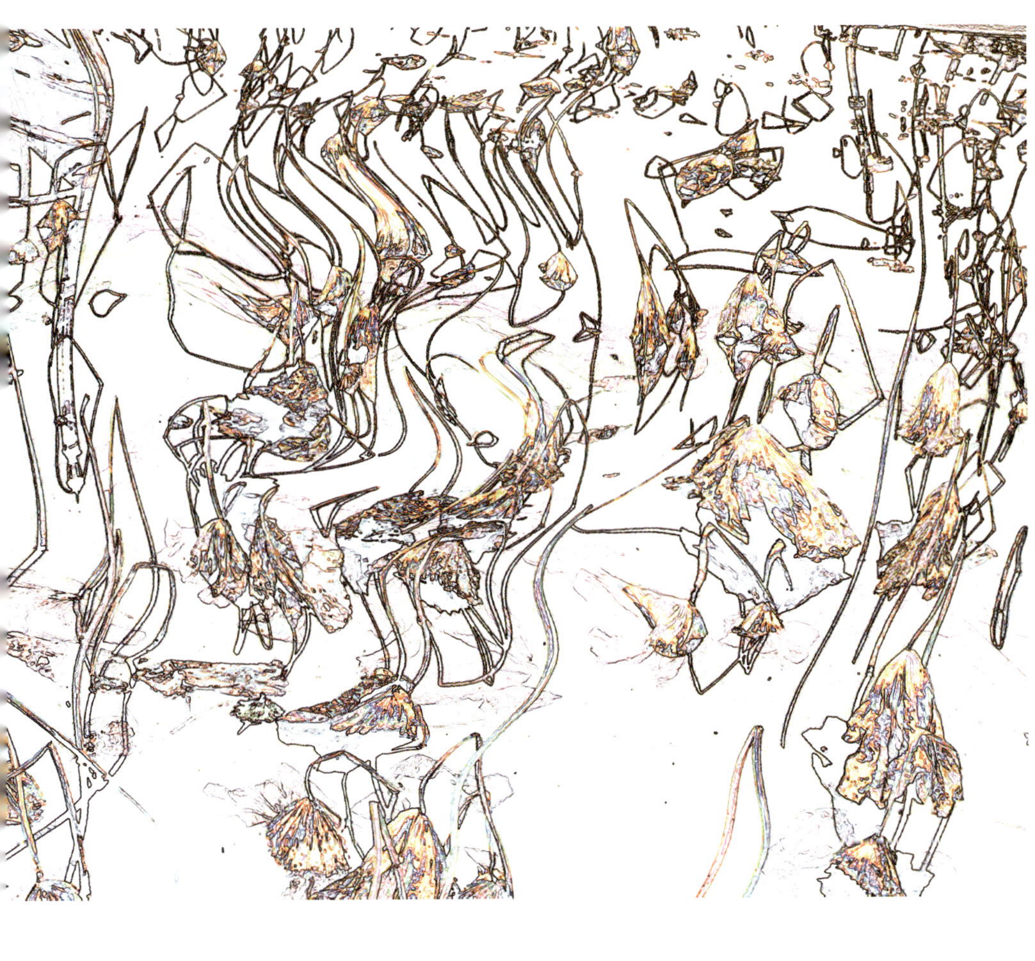

협재 해수욕장

바다도 아니다
모래도 아니다
조개의 죽음이다

넋을 달래주는
연수정 빛 눈물이다

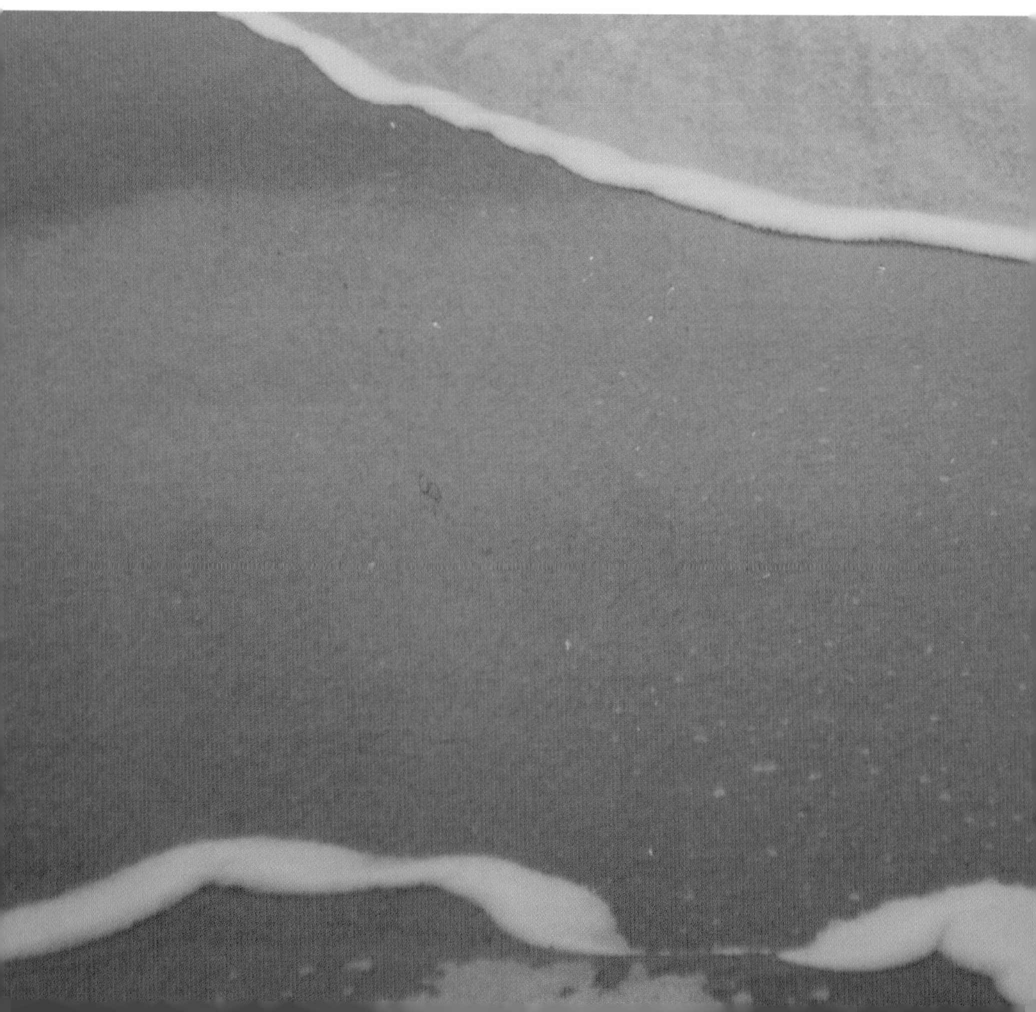

나무와 나무

바
람
은

사
랑
입
니
다

여보게나

바람에 옷깃만 스쳐도 인연이라 했던가
지난날 우리들의 만남은 우연인가
전생의 업보인가

이제 와서 타 죽을 사랑 한번
미치도록 못한 것 후회하면
무엇하나
후회가 후회를 부른다네
검게 타버린 몸뚱이나 추스르며

남은 생을 보내보세

대청호 새벽

동쪽 하늘 뜨는 해가
대청호 깊은 물속에서 솟아오르고 있다
햇살 속으로 안기는 물안개 오르는 소리
귀가 열렸다
아직 씨방을 날리지 못한
억새의 울음소리까지
옮겨진 선율

연주자도 지휘자도 보이지 않는

황량한 무대

가슴 미어지도록 밀려오는 감동

파문으로 밀려왔다 밀려가는 물결 위에

나 돌을 던진다

수해

시간 시간 TV 뉴스에서는
영동지방 수해지역 참담한 모습들
주의할 것을 예보한다

산사태로 한 동리가 흔적도 없이
사라지고 빗물이 쓸어간 곳에는
진흙이 터를 잡고 반파된 가옥에는
쓰레기 더미가 가득하다

재산 피해가 이천 억 이상의 손실이란다
시간과 돈만이 문제의 해결 방법이지만
마음의 상처는 오랜 세월 지나면
뇌에서 망각 물질이 생성되어 치료가 되겠지

지금 내 몸 속에서 일어나고 있는
조직의 파괴는 장마철 산사태보다 더
무섭게 무너져 내린다
하룻밤의 전쟁
눈 떠보아야 다시 보는 이승

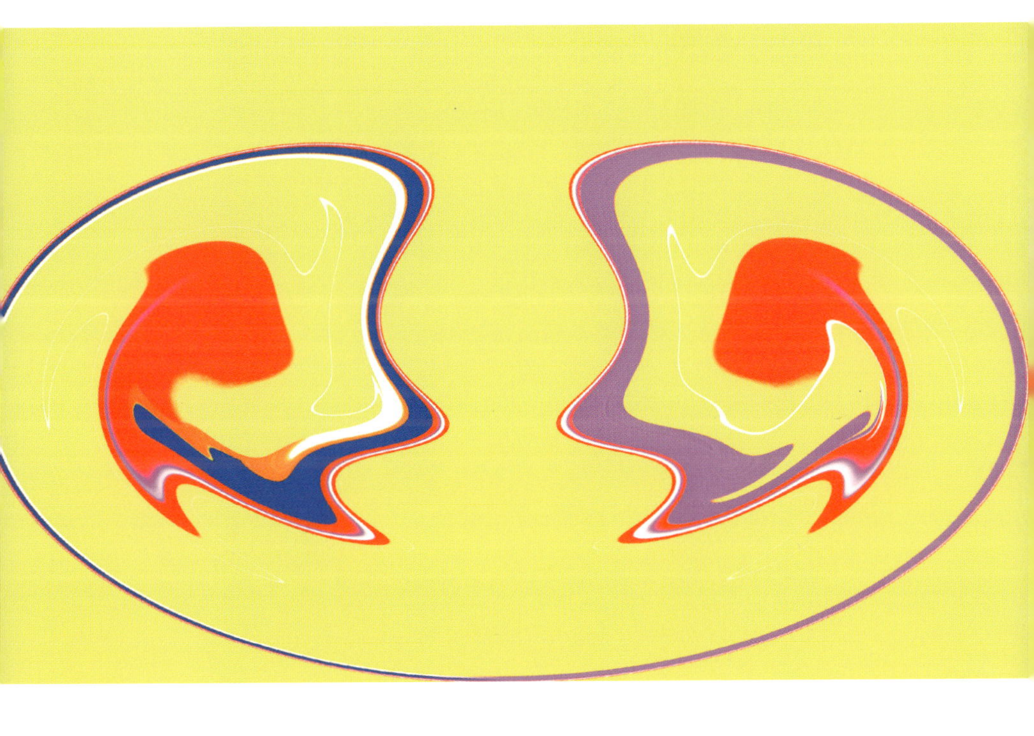

무심천 벚나무

늦가을
활활 불꽃으로 타고 있다
119를 부를까
망설이는 사이
어느새 맨살이 되었다

손녀의 생각

왜 할아버지
봄은 노랑색이에요?
나는 빨간색이 더 좋은데

할아버지 눈에는
건망증이 심해서 그렇단다

건망증이 뭐예요?
잊혀지는 것이란다
잊혀지는 것이 뭐예요?

이별이란다
이 별? 이상해요
그 별도 하늘에 있는 별이에요?

천사의 소리

자전거에 손녀를 태우고
아파트 뜨락을 빙빙 돌고 있다
가을의 끝자락에 황금빛으로 물든 느티나무잎
자전거 스치는 바람에도 우수수 떨어지는
낙엽 위 지날 때
비명처럼 들리는 손녀의 소리
할아버지 밟지마
나뭇잎이 아파

네 살배기 손녀 손에 낙엽 한 잎 들려주고
내가 볼 수 있는 것은 겨우 곱게 물든 색깔뿐
낙엽의 숨소리는 듣지 못하는 무딘 감성
눈으로 보는 세상보다
가슴으로 보는 세상 다르다는 것을
어린 손녀에게 배운다

몽유병

스물일곱 시경
담을 넘었다
외로움이 외로움이
칠흑보다 더 깊은 암흑 속에서
흐느끼고 있다

말미 자리는
해저 깊은 곳에서
파도의 울부짖음을
핥아가며 살아간다

무너져 내린 양심의 성벽에서
엉 엉
바람으로 울고 있다

꼭 안아주던 품속
더듬어 가는 손길에
잡힐 듯 잡힐 듯 멀어져가는
체온

한 꺼풀 벗어 던져버린

육체는

허탈함이 지배하는

무거운 시간

잠재우고 있다

복날 닭전

쇠 철창 속
도도한 몸짓으로
새벽을 열고
내일 없는 내일
기약하였다.

비명 소리는
초복의 너의 운명
변론 없는 무자비한
판결

토종닭이라는 죄목
팔천오백 원 형량으로
난도질 당한 도마에
장미보다 진한 꽃이 피었다.

날지 못하는 서러움
우리들의 권리는 삼복 더위 지나도
무명비 한 기 없는 서러움

포도밭

동막골 보살사가 있는
작은 언덕에 올라가면
어떤 때는 나무들이 지휘하는
새들의 합창을 들을 수 있구요
파도가 춤을 추는 모습도 만날 수 있어요
그런데요
장관 중의 장관은 잎새에 이는 파도랍니다

파도를 잠재울 수 있는 것은
보살사 스님도 아니구요
포도나무로 함께 살아가는 부부랍니다

팔월에 올라가 보니까요
온통 순백의 등불을 밝히고 있어요
바로 이곳이 극락 가는 첫 문인 것 같아요
그런데 포도나무는 풍경소리도 듣고
독경소리도 듣는데
나만은 통 들을 수가 없어요

늙은 행성의 사랑

태양이 지구를 당겨 주기 때문에
지구가 존재하듯
우리는 태양과 지구입니다

조건 없는 우정은
진공이란 공간에 아무 물질도 없는
백색의 만남입니다

은하계와 태양계는
중력으로 항상 그 자리에 있듯
그대의 우주 속에서 안식을 누립니다

아름다운 유성의 빛으로
운명을 마감하고 싶습니다

으악새

대청댐 둔치에
으악새 가득 있다기에
열 일 제쳐놓고 달려가 보았다
이곳저곳 둘러보아도
으악새는 보이지 않는다
많은 사람들 으악새 구경 왔다고 한다
호수에서 이따금 청둥오리만
날아오르고 으악새 슬피 우니
가을인가요 노랫가락만이 들려온다.

실망스러움의 극치여
중얼거리며 발길을 돌리려는데
옆에 있던 억새의 대화소리가 들린다
찬바람이 불면 외로워서
내가 울고 있는 소리라고

억새의 울음소리라는 것 다 알고도
모르는 척 속아주는
깊어 가는 가을이여

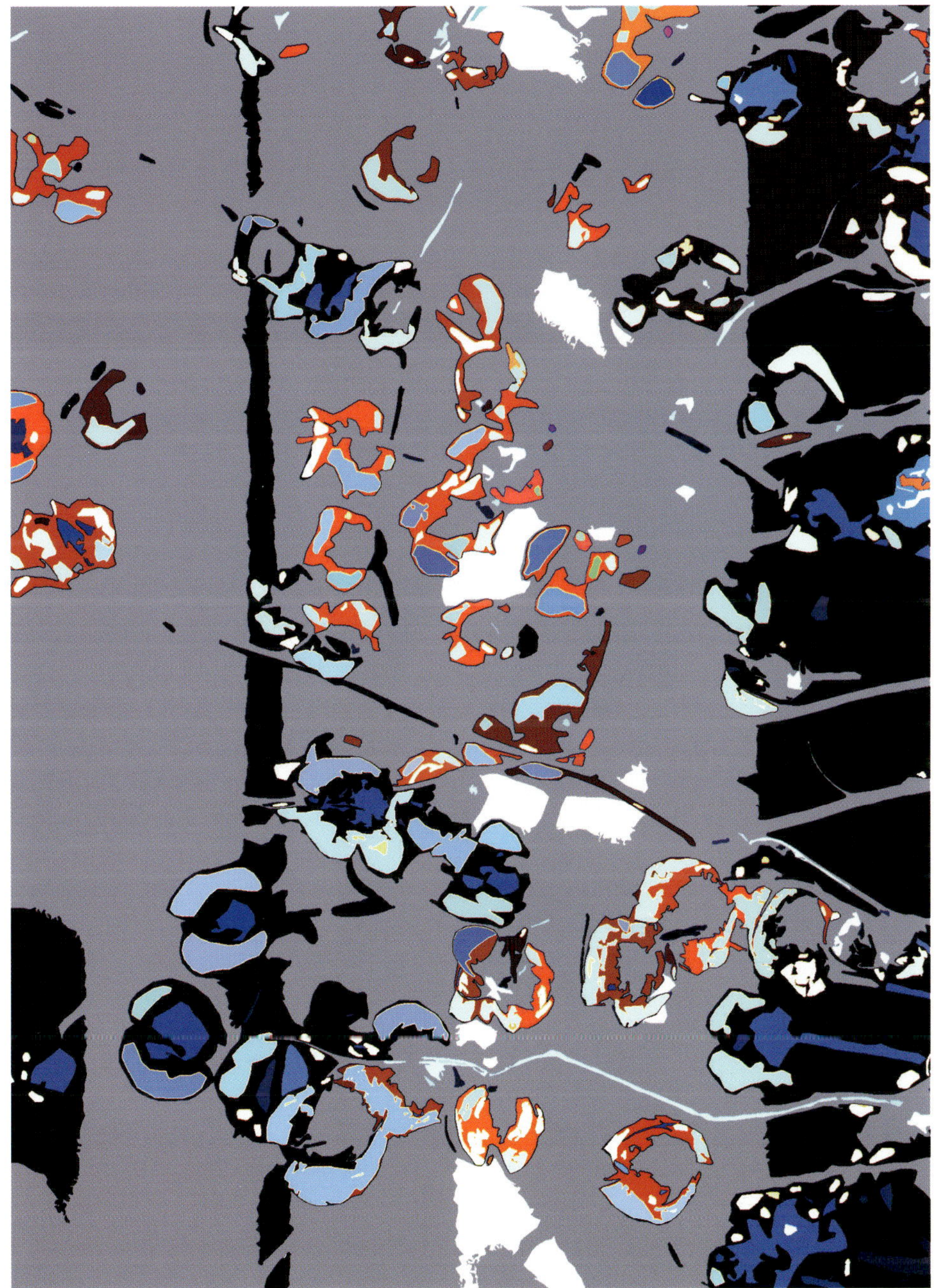

술래

먹어도 먹어도 배부르지 않은 세월
사람들은 늘 몸은 늙었어도
추억을 되씹으며 살아가는 인생

뒤돌아 발자국 따라가 보았다
얼마인가 보이지 않는다
바람이 묻어 놓았다고
구름이 숨겨 놓았다고
더는 뒤돌아보지 말라 한다
후회뿐이라고

태어나서부터 인생은
세 번의 기회가 주어진다고 하지만
번번이 비켜만 가는 운
가위바위보 가위바위보
속으면서 사는 것이 인생사라더니

아버지

하늘 위에 까치둥지
소식 오기를 바랐다
꼭 돌아오시겠다는
한마디 말 남기시고
끝내 돌아오지 않으셨다
그해
까치도 둥지를 떠나 돌아오지 않았다

어머니 편지

소한 절기 추위가 매섭구나
참으로 통계학이란 신기하고 무섭구나
인생사 모든 일들 학술적으로 살 수 있다면
너도
나도
아마도 조금은 계획 있는 삶을 살았을 것 같다
앞날 볼 수 있는 혜안을 갖고 살았다면
상상도 못 할 만치 변화무쌍한 삶을 살았겠지

요즘 날씨는 요실금 환자처럼 눈이 찔끔찔끔
내려 참 불편하구나
여름은 겨울이 그립고
봄은 가을이 그립고
사람 마음은 한 치 앞도 모른다 하는 것 같다
안 보면 죽을 것만 같았던 사랑도 시간이 지나면
잊혀지는 뇌 구조도 신기하구나
건강하고 행복한 나날이 이어지도록
기도하겠다

아침 밥상

아침부터
신음 소리를 먹고 살아갑니다

흐린 날에는
더 큰 그릇에
까칠까칠한 잡곡밥을
먹고 살아 갑니다
마디마디 염증으로
기어 나오는 잡곡밥
식욕을 잃어버렸습니다

그래도
매일매일 먹고 살아야 할
이유가 있습니다

핸드폰

동물들에게 달아주는
목살이
어느 날 내 목에도 달려 있고

손바닥보다 작은
그 고얀 놈 몸속에는
모차르트 행진곡도 있고
슈베르트 교향곡도 있다

앙증스럽고 귀여운 아이는
전화 받으세요
전화 받으세요 성화다

발자국 옮길 때마다
방울이 울린다
종이 되었다
애완동물이 되었다
손바닥보다 작은
그 고얀 놈 때문이다

성판악에서

젠장
부처는 깨달음을 얻으려고
맨발로 설산을 올랐다 하고
예수는 자아 성찰을 위하여
여리고성 광야로 갔다는데
나 몇 닢 돈 때문에 한라산 오르다
돌부리 걷어차 무릎 통증에 주저앉아 있고
성판악 까마귀 나를 비웃느라
하늘 빙빙 돌고

시원한 물이나 한 모금 먹었으면…….

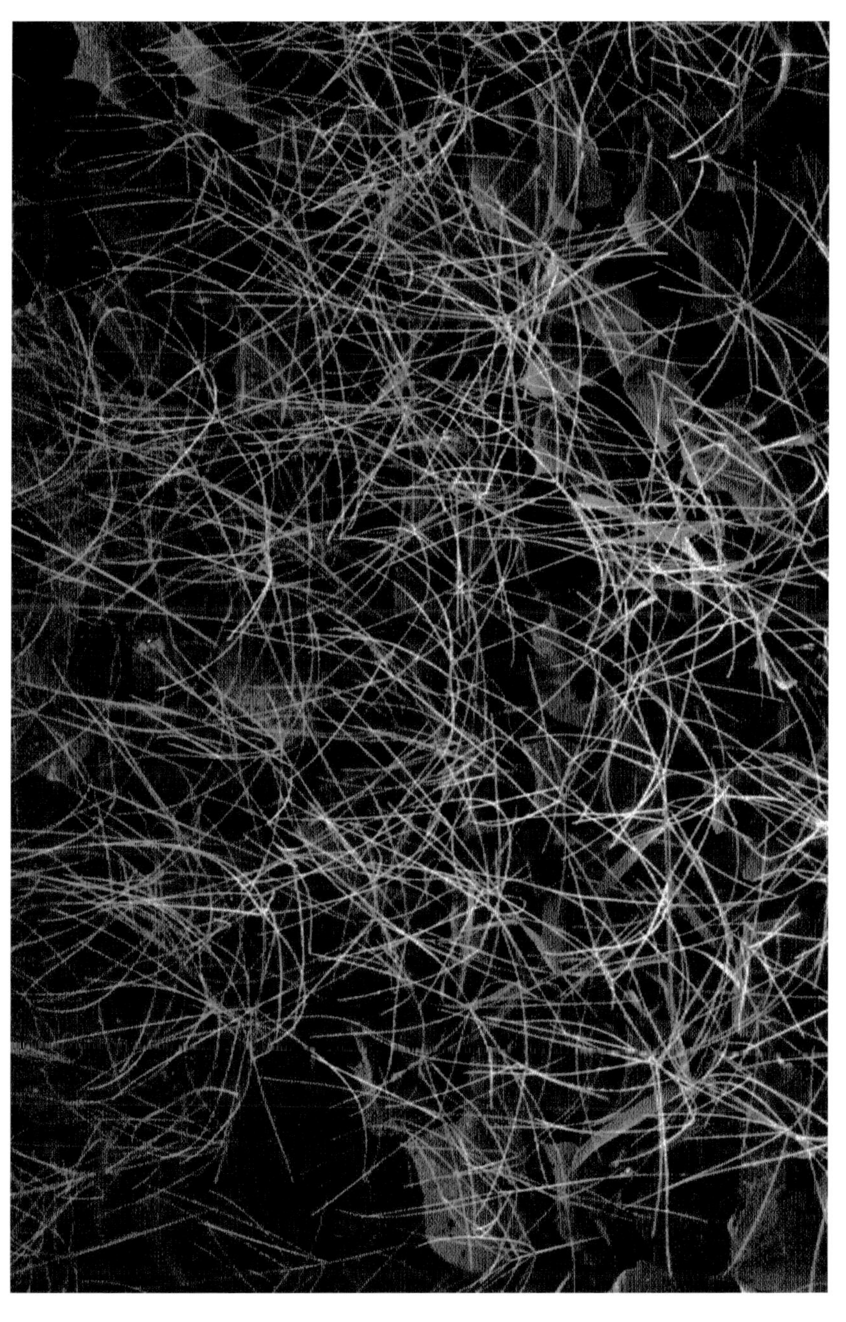

라면을 끓이며

보글보글 물 끓고 있는 냄비 속에
한 봉지 라면
양파 한 쪽 썰어 넣었다
김치 한 종지 놓고
먹으려니 목이 멘다

꽃잎 하나가
눈앞에 나타나
어른거린다

젓가락에 매달린 면발
입김 불어
삶의 뒤안길로 접어 가는
허기진 배 채워 가고 있다

먹을 것 같지 않던
입맛
어느새 냄비가 입속으로 들어갔다

서러움은 이마의 땀으로 흐르고 있다

밤낚시

저수지로 낚시를 갔다
한 칸 반 작은 낚싯대에
지렁이 미끼 달아 놓고
편한 자리에 누워
유혹의 떡밥을 던졌다.

곧바로 찌에 신호가 왔다.
때를 놓치지 않고 줄을 당겼다.
온몸에 강한 전류가 흐르고
물고기와 한판 승부가 시작된다.
당겼다 놓고 놓았다 당기고
힘과 낚싯줄 결전이다.

희미한 여명에 보니
참붕어 월척이다
살며시 가슴에 품었다.

가슴에 안긴 건 늘 그리워하던
인어였다

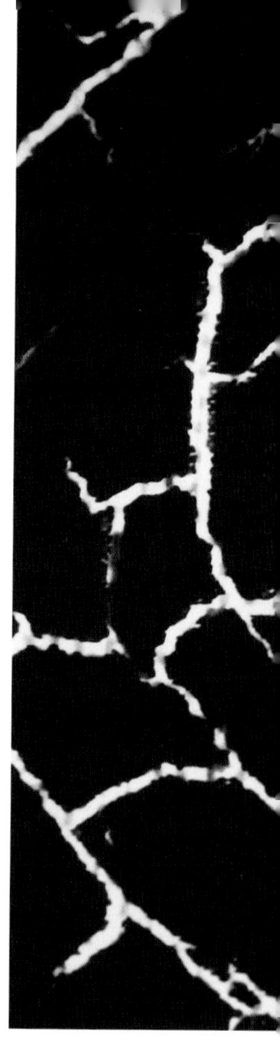

CT단층촬영

비밀의 끝자락까지 추적당하고
더는 숨길 곳이 없다.
1.5ℓ 뇌 속에 묻어 놓았던
두근거리는 도파민의 활동도
의학적 판단 앞에서 허물어져 갔다.

그날 시선과 시선의 충돌이
고압의 전류를 감당하느라고
뇌에 손상을 입었는지 설렘의
빨간 불 꺼지지 않고 있다는 진단

시간은 바람으로 언제든지 날아갈 수 있다는
두려운 증상이 보인다는 의사의 소견서
인생에서 가장 행복한 시간이란다.

굳게 잠가 놓은 뇌 속까지 파고든 X선
꼭 꼭 묻어 놓은 비밀 하나는
끝내 찾을 수 없다.

봄이 싫었습니다

살 속으로 파고드는 찬바람도 싫었습니다
보릿고개 그 배고픔도 싫었습니다
그리움이 찾아오는 것도 싫었습니다
가증스럽게 죽은 듯 숨죽이고 있다 다시
부활하는 꽃잎도 싫었습니다

이 시간부터 생명 있는 우주의 만물
나뭇가지에서 움트고 꽃피는 것도
살 속 파고드는 찬바람
그 배고픔까지 모든 것

나에게 베푸는 빛나는 선물이라는 것
해가 질 무렵에서야 겨우 알 것 같았습니다

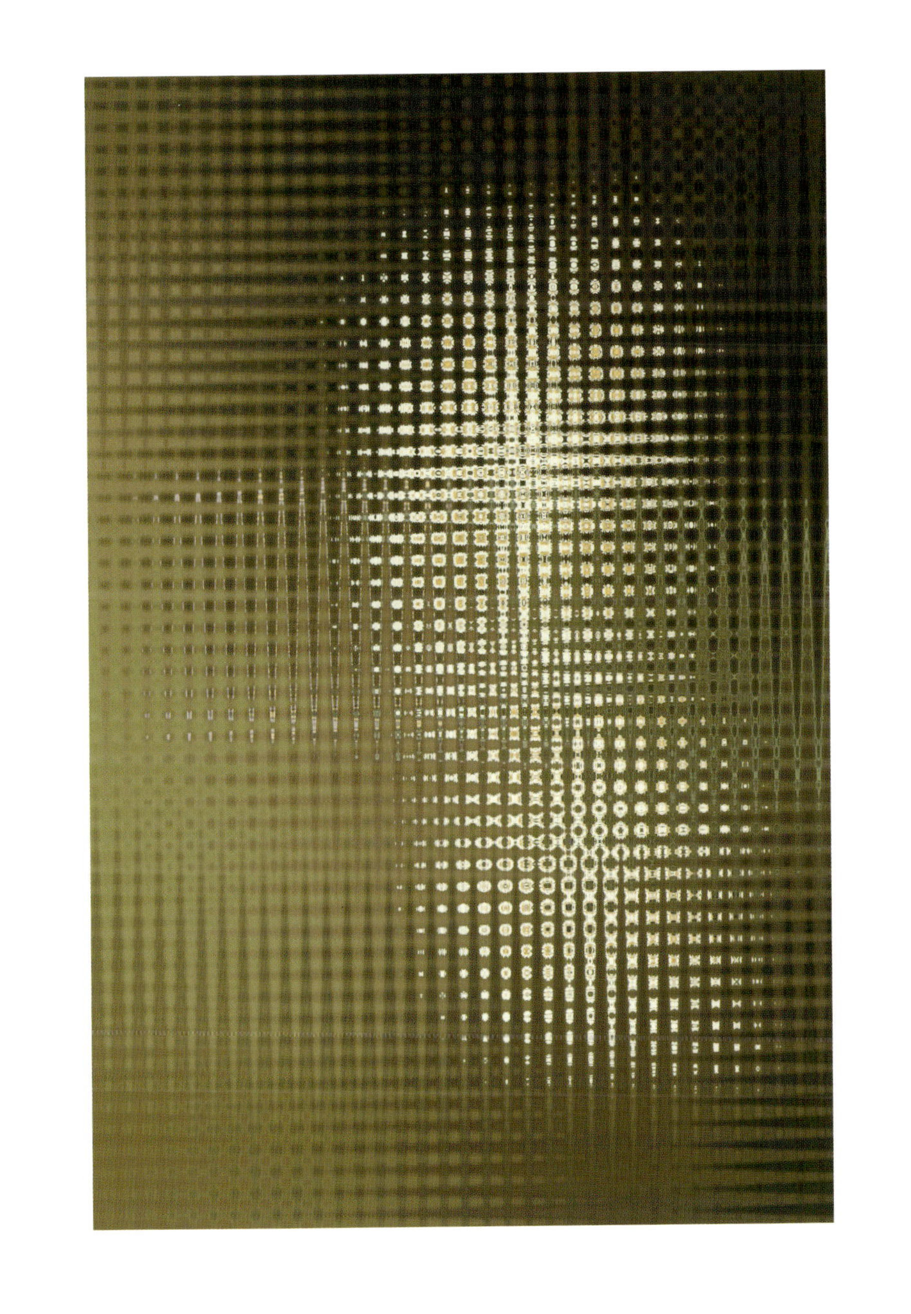

마늘을 까며

살짝 매어놓은
옷고름
더는 깊어지지 않는 밤
조금은 떨리는 손
옷고름을 풀고

환해지는 겨울잠
동공 속으로 파고드는
부풀린 가슴으로 잠을 깨우고

초가지붕 위로
반달은
새색시 이마처럼 선이 곱다

홍조 띤 얼굴에는
수줍음이 가득하다
아침 해 살짝 가린
미모가 더 아름답다

뒷짐

서 있는 것조차 중력 때문이라는
사실을 부정한다

어풀어졌다

앞에서 당기는 힘에 딸려 들고 있다
무게 중심 축의 이동인가

뒷짐 지고 걸어가며 편안함을 느낀다.
언제나 텅 비어 있는
허공의 두려움까지도

물체는 서로 당기는 힘에
질량은 같다는 것도 인정한다

무엇이 앞에서 유혹하고 있나
삶의 덫에서 헤어나지 못한
낙오자인가

만유인력의 법칙 앞에서
시간 싸움에서 백기를 들 수밖에 없는
패배자의 투항의 모습인가

단풍나무 아래서

지뢰밭이다.
한 발자국도 움직일 수 없는
이곳
뚝뚝 떨어지는 저 바람소리

어젯밤 비바람의 싸움의
참담한 현장
비로소 내 몸 옷자락을
어루만지며
그분을 불러본다

바람 부는 날

눈앞에 보이는 것은 현실이었습니다
오색의 낙엽이 쏟아집니다
축복의 퍼레이드입니다
허름한 노란색 차 지나고 있습니다
앞 뒤 위에서 오색 축복의 낙엽 꽃
뿌려주는 처음 보는 퍼레이드입니다
차 속에는 어떤 사람들이 타고 있을까?
궁금합니다
TV 신문에서도 듣지도 보지도 못한
광경입니다
다행입니다 아마도 보도된 기사였다면
오색 종이 날리는 공식적인 축제 한 장면이었을 것입니다
차 속에 타고 있는 분들이 더욱 궁금합니다

분꽃

밤을 흔드는
트럼펫 소리에
몽유병 환자는
화단으로 나가
달 쳐다보다가

분꽃 우는 소리에

꽃 한 송이 뽑아들고

녹아 흐르는 달빛 눈물이 되었다

나팔소리

차창을 열었다
낙엽송 사이로 쏟아지는
나팔소리
아무리 찾아도 나팔수는 없다
길가 화단에서
부용화 두 송이 웃고 있다
하얀 꽃 빨간 꽃
아직은 숫총각
잉태를 위한 세레나데
옮길 수 없는 떨림
접지 못하고 있다

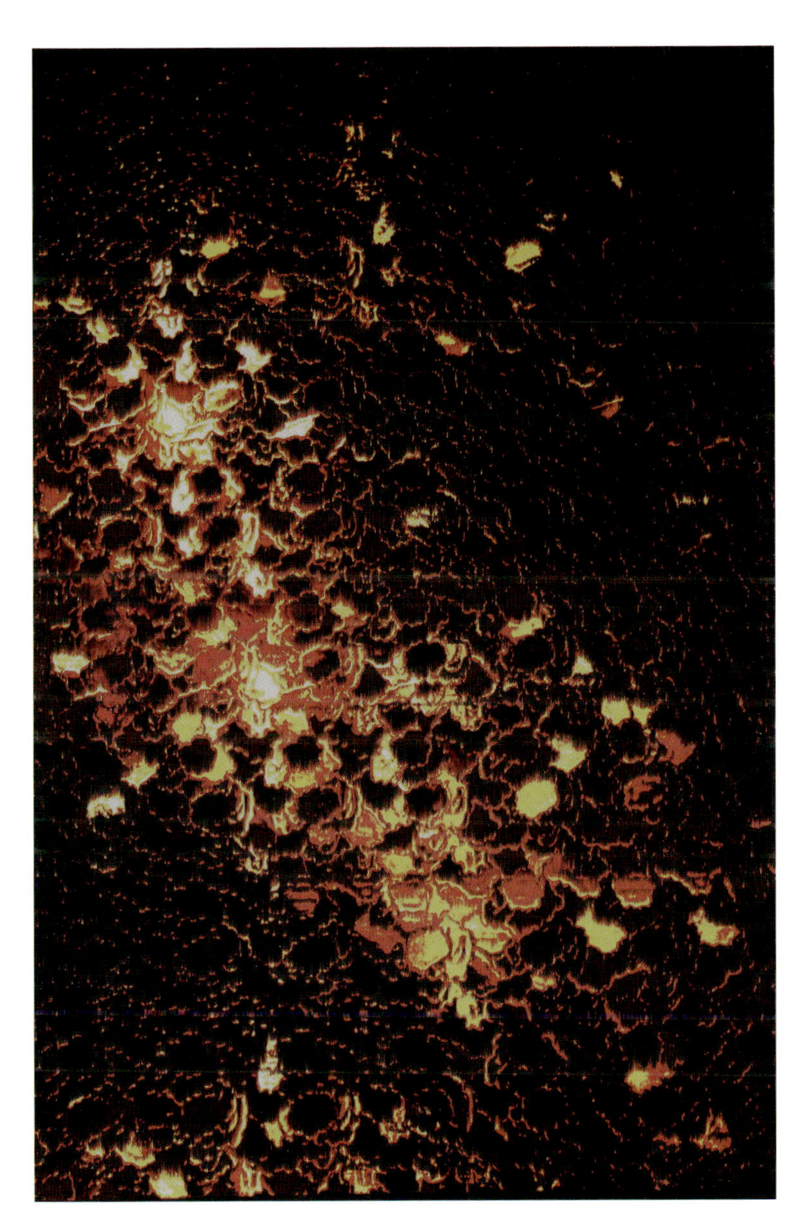

세월

칼바람 막아놓은 따비밭 뚝
양지꽃 미소 올해도 보는구나
반갑다

장대비 걷히고 난 구름 위
산나리꽃 청초함 올해도 보는구나
반갑다

만고풍산 다 겪고 피어난
들국화 향기 올해도 취할 수 있다니
반갑구나

흰 머리칼 베갯잇에 빠져 있고
그래도 빗질할 수 있으니
고맙구나

햇살

온화한 품속입니다
명주실 한 타래로도 잴 수 없는 깊이
넉넉합니다

조금만 더 머물고 싶습니다
욕심 과하다고 탓하지 마시고
이제야 삶의 진한 맛을 알아가고 있습니다

어젯밤 된서리는 꼿꼿한 자존심마저
구부려 놓았습니다
당신이 주관하는 시간 위에
비굴한 추파를 던집니다

생의 연장을 위하여

갈대의 새순

새순의 옷자락 잡고
지금 수혈받지 않으면
죽을 것만 같은 신음소리
혈관에 힘을 주고 뿌리 늘여 간다

소복의 외출 진혼곡의 바람
춤을 춘다
살풀이 살풀이
문명의 오염으로 죽어간
실개천까지

퇴적물이 깊게 쌓인
허파에 새로운 피가 돌고
멧새는 어느새 둥지를 틀고 알을 품고 있다

천국

여기
편안하고 안락한 자리
비워놓고 있네
아무 때나 오시게
외롭지 않은 웃음으로
가슴 푹 적시고 싶다네

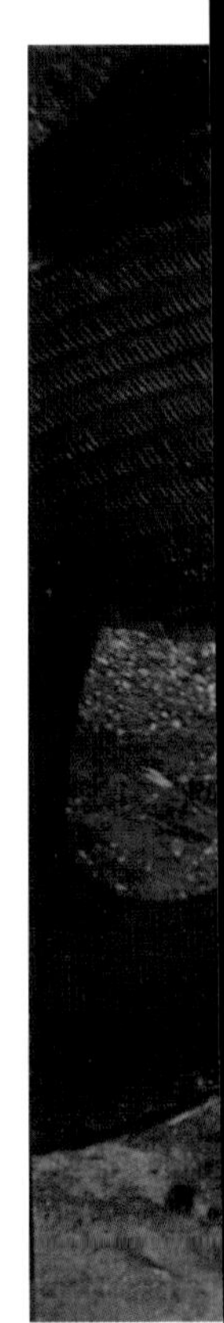

통증

조여오는 아픔
술에 취해본다
냉철한 이성으로 되돌려보는
영화 한 편
활활 타는 열꽃이었다
영혼이 육신에서 떠나는 날까지
지배자의 선택 권한도 없는
휴전 없는 싸움 끝이 보이지 않는다

진통제를 먹는다
부서진 뼈 마디마디
반드시 누워도
옆으로 누워도
견딜 수 없는 고통
빈 껍데기의 반란이었다

작은 창으로 불어오는 한 점 바람에도
위로받는 여린 마음
끊어지지 않는 질긴 이승의 인연
또 날이 밝아온다

새해

많은 사람들
새해맞이를 떠났습니다
동해로 가고
대청댐 불당 공원으로 가고
우암산 정상에도 가득 모였습니다.

하루가 시작되는 것이 싫습니다
일 년이 가는 것은 더욱 싫습니다
시간을 계산하여 봅니다
수학 공식으로는 답이 없습니다
꿈꾸는 날이 줄고 있습니다

주름살 잡히는 아픔이
밤잠을 설치게 합니다
눈을 떠보니
하루가 또 바람으로 가고 있습니다

괴산 산막이 길

군자산 에델바이스 호수 위
얼음꽃 피어나고
골 타고 부는 바람 솔잎에 머물다
출렁다리 흔들어 아슬아슬
연인들 손 잡는다.

연화담 작은 연못에 투시된 내면의 속살
나의 존재를 확인하고
영은 가자 하는데
육체는 힘겨운 발길
날다람쥐처럼 날아다니던 시절
흔들의자에 앉아
그날을 회상하여 본다.

산이 막아 놓아 산막이 길
강이 있어 더는 갈 수 없어
뒤돌아올 수밖에 없는 막장

아 멋진 풍광
다시 한번 기회 주어진다면
또 다른 사색의 길 되겠지

별들의 반란

가슴에 담아두고
그리던 별들
죽어서 운석으로 쏟아져 내린단다.
문상을 갔다
북북 동쪽 칠도 사이로
장례 행렬이 지난다는 예보
헬리혜성 중심에서 벗어나
운석으로 영원히 살겠다는
별들의 반란

가슴속에서 반짝일 때 아름다웠다

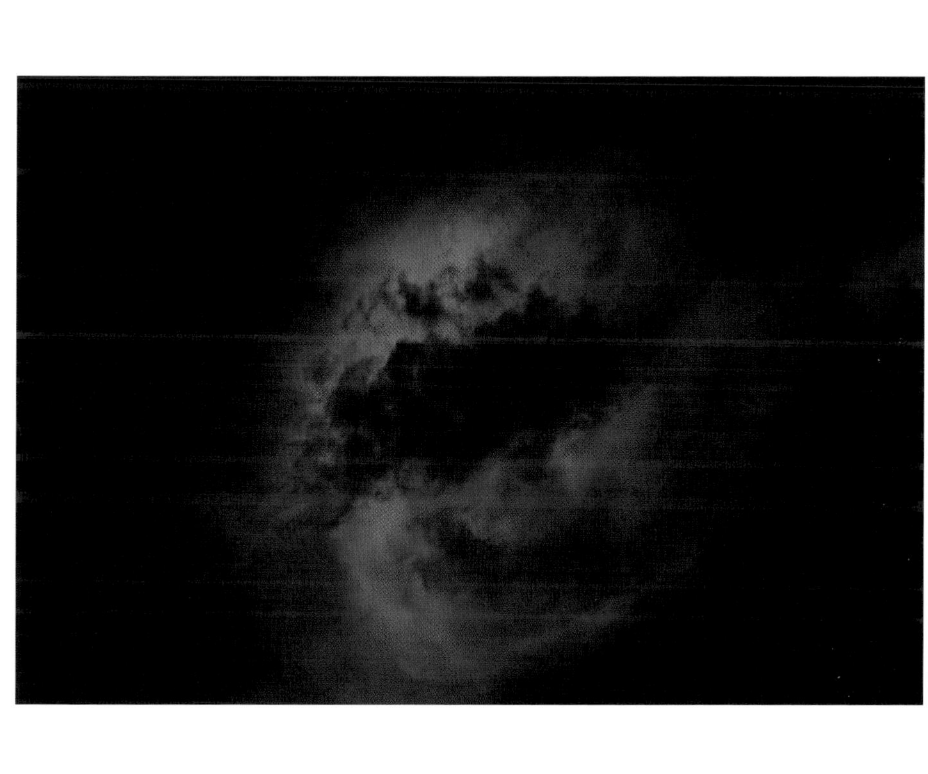

천당과 극락을 오고가면서

어제는
그대와 나
바람이었습니다.

흔들리는 꽃이었습니다
아니
눈물이었습니다.

천당과 극락
넘나든
짜릿한 불륜이었습니다.

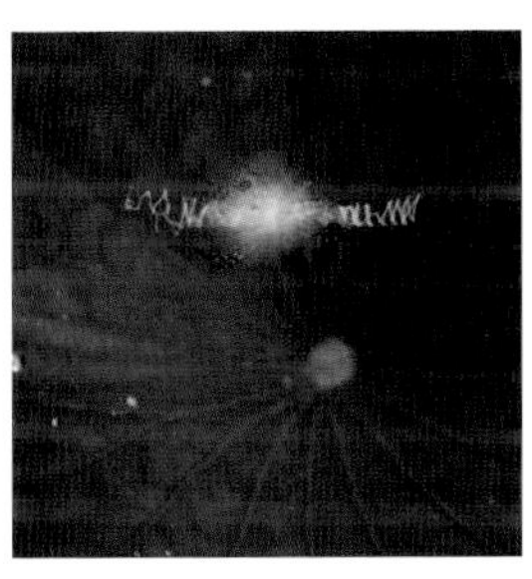

눈물

볼 타고 흐르다 턱으로 뚝뚝 떨어지는
아름다운 눈물을 보았습니다
나를 틀 속에 가두려는 눈물의 실체는
무엇일까요?
차가운 눈물이었을까
뜨거운 눈물이었을까
감격의 눈물 속죄의 눈물 근심의 눈물 분노의 눈물
허무의 눈물 행복의 눈물 슬픔의 눈물
외로움의 눈물이었을까
눈물이란 과연 무엇일까
이물질로부터 눈을 보호하기 위해 나오는 반사적인 것일까
생리적으로 눈이 머금고 있는 촉촉한 수분일까
각막에 산소를 공급하는 것일까

나의 모든 행동 가시 같은 말 때문에
상처 받고 흘린 눈물이 있다면 낙엽이 지고 있는
이 시간부터 서로 용서하기를 바라면서

황혼의 사랑

한여름 이글거리는 뜨거운
사랑은 아니었습니다
동짓달 양지쪽 따사로운 햇살 같은
사랑이었습니다.

힘차게 출렁이는 일출 같은
사랑 아니었습니다.
석양의 고운 빛 여백으로 물들인 그림 같은
사랑이었습니다.

유약을 녹이는 백자의 하얀 불꽃 같은
사랑은 더욱 아니었습니다.
눈물로 타들어가는 따사롭고 경이로운 촛불 같은
사랑이었습니다.

바람 앞에 놓인 심지 마른 등불 같은
사랑을 하고 있습니다
두려운 어둠이 어둠이…….

꽃 한 송이 사랑

절반도 남지 않은
세월에 접힌 우산으로
장대비는 어느새
도랑 넘쳐 둑에 이르고
쑥부쟁이 꽃 떨고 있다

넘어질지언정 꺾이지 않는
야성
그 여인을 닮았다

한 송이 피었다 지고 나면
또 한 송이
웃고 있는 것도
그 여인을 닮았다

보면 볼수록 신비스러운
꽃잎 사이 숨겨진 지성
열두 가지 미를 지니고
곤충 유혹하는 쑥부쟁이꽃

그곳으로 가고 싶다

가고 있다 그 여인이

도원성 쥐불놀이

강물은 얼어붙었다.

액운
연에 실어 날려 보내고
간절한 소망 이루어지라고
하늘로 던진 쥐불 깡통
별이 되어 쏟아진다.

사랑의 탑에도
외로워 울고 있는 총각 탑신에도
일백오십 기의 탑에도 촛불이 눈물이
흘러나린다.
달빛은 구름 속으로 숨어버리고
함박눈이
함박눈이
쏟아진다

비 오는 대천의 밤바다

금분 뿌려놓은 모래
파도의 빈 껍질
어둠에 싸여 잠들지 못하고 있다.

바다가 먹어버린 달
얼굴을 가리우고
파도는 모래를 밀어올리고 있다

부슬비 사이로 달려드는
그대의
체온
호주머니 속까지 파고들고
꼭 오므린 주먹에
시어 한 모금
나의 환상을 휘감는다

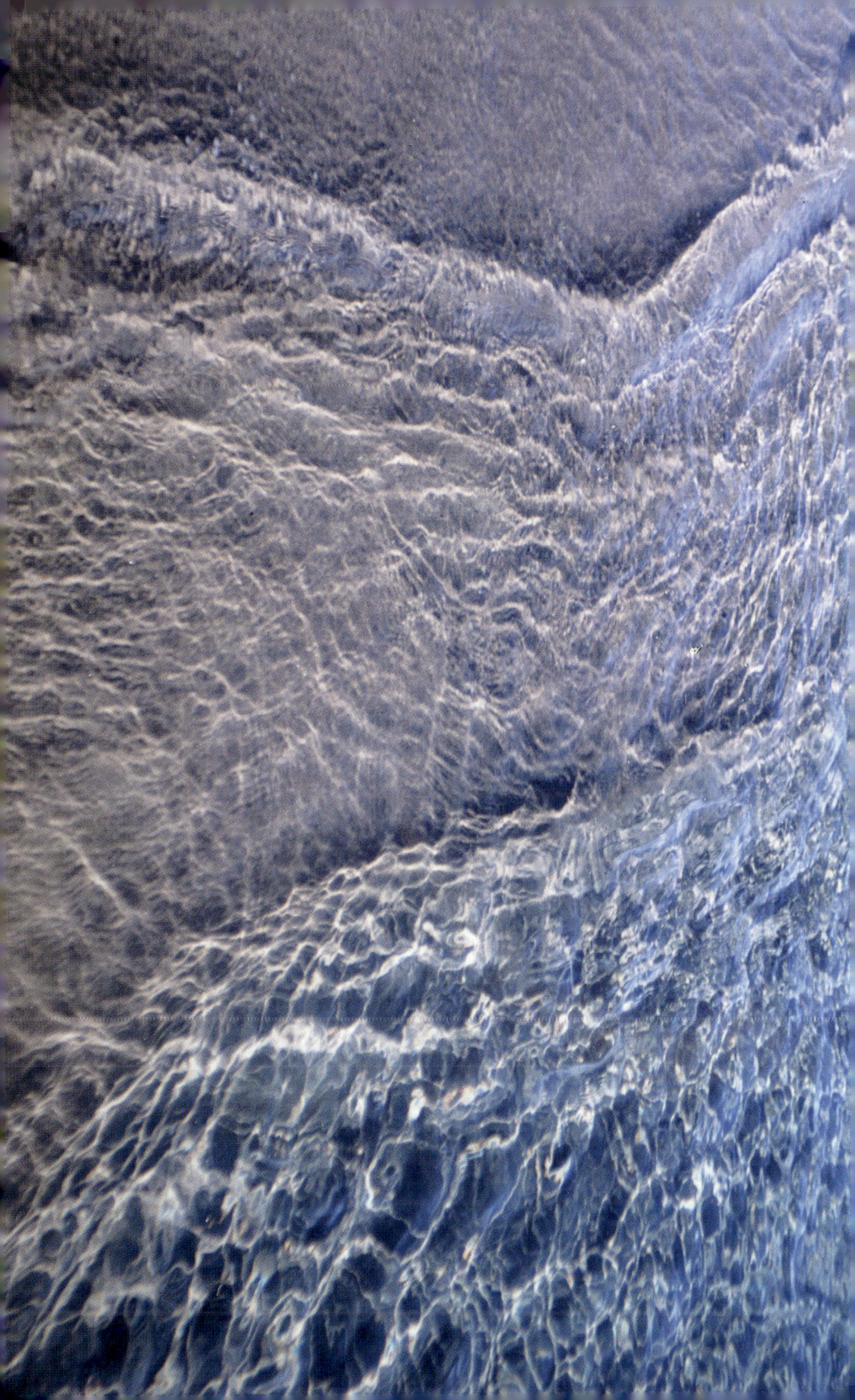

대화

입에서 입으로 옮겨지는
소리의 파장
찡한 전율로 가슴에 전달된다.

현미경 통해 찾아가고 있는
소리의 실체
그토록 소중한 꿈과 현실
타임캡슐 속에 묻어놓고
바라볼 수만은 없기 때문일까

시베리아 벌판으로
에덴동산으로
십년 사연
한나절 풀어헤쳐 놓았다

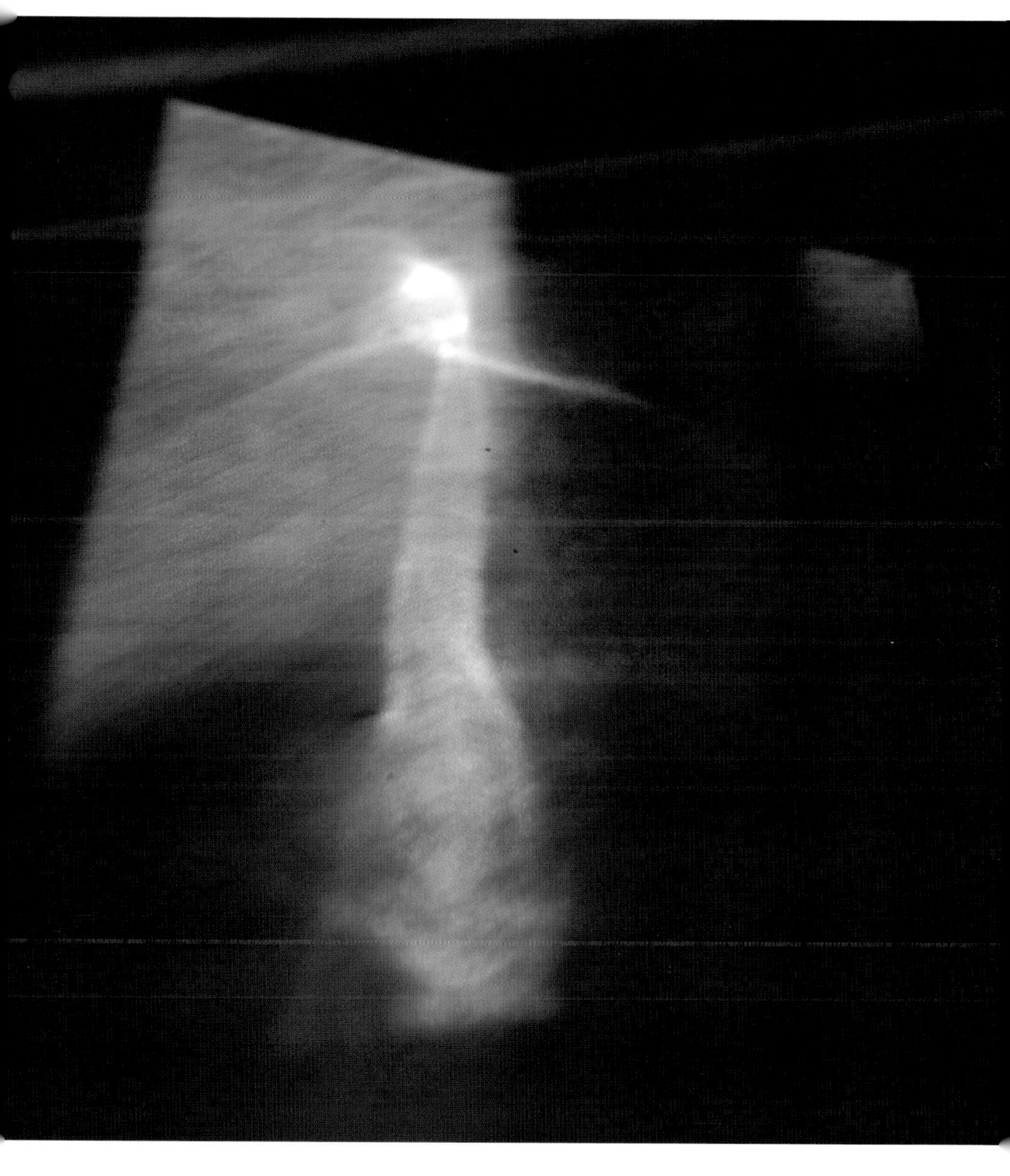

미동산 수목원 나비원

면회를 갔다
꽃밭을 지나
철문을 열고

나비는 하늘만 쳐다보고
말이 없다

배추나비
호랑나비
제비나비
상처투성이인 날개
무기수의 절규

한 발자국도 움직일 수 없는
가장의 굴레
이중 삼중으로 쌓아올린 담장
무기수는 바깥 세상이 그리워
탈출구를 찾고 있다

나비는 날갯짓을 잊었다

오고의 시사집 발문

충북지역에 사진예술의 새 지평 연 진정한 '선생님'

시인 · 동양일보 회장 조철호

오고의吳高義형의 이름은 다양하다. '오 군' '오 기사' '오 사장' '오 회장' '오 선생님' '오 작가' '오 시인' …… 등등. 그러나 이같은 대명사 중에 꼭 추가할 게 하나 더 있다. '오 박사'다.

'오고의'라는 조금은 별난 이름은 1943년 일제 치하에서 태어나 '다께짱'이던 것을 1945년 해방이 되면서 우리말로 개명하다보니 '고의'라는 좀 생경한 이름이 됐다.

해방의 만세 소리가 채 가라앉지도 않던 1950년 6월의 한국전쟁 3년은 이 강산을 폐허로 만들었다. 모두가 가난에 찌들어 살아야 했던 궁핍한 시대였다. 그도 14세가 되던 해에 밥을 먹기 위해 사진관에 들어가 일을 했다.

그리고 20년간 그 곳에서 '오 기사'가 되고 31세에 독립해

청주시 사직동에 '상당사진관'을 차려 '오 사장'이 된다. 4년 뒤 청주 중앙공원 앞에 '예그린사진관'을 열어 20년간을 운영하다 70세에 문을 닫았다. 그 '예그린' 시절이 이 지역 예술사진을 하는 사람들의 아지트였다.

그러는 사이 그는 영업사진사에서 예술사진을 하는 작가가 되었고, 열심히 문학공부도 하여 소년시절의 꿈이었던 시인으로 등단도 했다. 29세 때 결혼한 부인 박영숙(72)여사와의 사이에 아들(승훈·47·조선호텔 미술부)과 딸(승영·45·경기도 일산 거주)과 손주들을 둔 어엿한 할아버지가 됐다.

내가 오고의 형을 처음 만난 것은 고등학교시절이니 어느새 60년이 가깝다.

카메라를 메고 졸업 앨범에 넣고자 학교 행사사진을 찍으러 자주 오는 '오 기사'(교사들은 '오 군'이라 불렀다)를 보면 우리는 그의 목에 걸린 카메라를 부럽고 호기심에 찬 눈으로 지켜보았다. 교실에 갇혀 꼼짝을 못하는 우리들에게 보라는 듯 멋진 포즈로 이런 저런 장면을 찍는 오 기사의 자유로운 일거수일투족이 못내 부러웠다.

내가 신문기자로 밤낮 없이 뛰어다닐 때 우리는 행사장에서 자주 마주치게 됐는데 이미 잘 아는 처지여서 인사를 건넸고, 그 이후 내가 충북예총 회장일 때 이미 한국사진작가회원으로 작품사진을 하러 전국 곳곳을 누비고 크고 작은 전시회에 내놓는 작품마다 수작秀作이어서 많은 이들의 눈길을 잡고 있었음을 곁에서 보아왔다.

후에 안 일이지만, 충북지역에서 사진작가 지망생들에게 길을 터 준 중심인물이 바로 오고의 형이었다는 사실이 충북사단寫壇의 정평이다.

그리고 그에게서 사진을 배웠다는 많은 사람들-대한민국사진대전에서 대상을 수상한 민현석 작가며, 한국생태사진작가로 80대 할머니임에도 현역으로 인도네시아에 머물며 작품제작에 몰입하고 있는 조유성 작가, 청주에서 왕성한 활동을 하는 장광동 작가, 괴산사단을 일군 김춘수 작가, 음성사단을 일궈놓은 박옥희·박종주 작가 등 오고의 형을 '선생님'이라 모시는 이들이 적지 않다.

그러나 오고의 형에게 그들이 "제자냐?"고 물으면 대답은 "아니다"라고 단호하게 답한다. 그의 설명은 간단하다. "우리는 사제지간師弟之間이 아니라, 함께 사진을 공부한 사람들"이라는 것이다.

학문이든 예술이든 자칭 선생님이네 스승이네 하며 자신을 대가연大家然하며 우쭐대는 소인배들이 넘치는 세상에, 배운 이들은 '선생님'이라는데 정작 본인은 아니라며 손사래를 치는 이 기이한(?) 주인공이 바로 오고의 형인 것이다.

꽃샘바람이 사나운 어떤 날, 그는 언제나처럼 미리 전화를 걸어 조심스럽게 방문의사를 밝히고 찾아 왔다. 오랜 병고로 거동이 불편한 것을 애써 감추며 원고 한 뭉치를 내밀었다.

경제개념이 없는 남편을 만나 평생 고생한 아내에게 전하고 싶어 생애 마지막이 될지도 모를 시사집詩寫集을 만들려 하니 발문跋文을 부탁한다는 것이다. 64세 때 전립선암으로 수술한 후 5년 뒤 방사선 부작용으로 합병증을 앓고 넘어져 우측 어깨뼈가 으스러졌고, 그 후 허리디스크를 수술하는 등 연이어 병고를 치르면서도 대학 평생교육원 문예창작과를 다니고 병실에서 쓴 작품 등 100편이 넘는 시와 사진들이었다.

최근 들어서는 글 한 줄 쓰기조차 힘이 든다면서 잠시 앉아 있는데도 불편해 했다.

누구에게도 어떤 신세도 지기 싫어하는 성품에 발문 부탁을 하려 찾아오기까지 얼마나 많은 생각을 했을 것인가라는 생각에 이르자 선뜻 알겠노라 대답을 했다.

나는 이 귀한 지면을 빌어 그의 시가 어떻고 사진이 어떻고를 장황하게 이야기하고 싶지는 않다. 사진은 근래들어 빛의 반복촬영을 통해 새로운 영상을 도출해내는 실험적인 시도를 엿보게 하는데 이는 꽤나 신선한 이미지로 우리에게 다가서고 있다.

그의 시는 이미 시적인 기교나 형식 따위에 얽매이지 않기로 작정한 듯하다. 살아온 삶의 양태樣態처럼 시행詩行은 진솔하고 꾸밈이 없다. 삶에 대한 애착이나 누군가에 대한 그리움의 샘물을 끊임없이 길어 올리며 자아를 살피는 심안을 닦는 모습도 여러 편에서 감지된다. 병상에서 지나온 길을 돌아다보며 아직은 아쉬운 심사를 정직하게 토로하기도 한다.

죽음을 앞두고 있는 뭇 생명들의 절실함도 직설적으로 토로한다.

온화한 품속입니다
명주실 한 타래로도 잴 수 없는 깊이
넉넉합니다

조금만 더 머물고 싶습니다
욕심 과하다고 탓하지 마시고
이제야 삶의 진한 맛을 알아가고 있습니다

어젯밤 된서리는 꼿꼿한 자존심마저
구부려 놓았습니다.
당신이 주관하는 시간 위에
비굴한 추파를 던집니다

생의 연장을 위하여

— '햇살' 전문

그리고 인간이어서 심약하지만 이승을 벗어나면 들어서게 되는 저 세상에 대한 호기심과 궁금증은 여전하다. 인생 후반에 접어들면서 이어지던 병고의 아픔이 사라졌으면 하는 간절함도 숨기지 않는다.

두려움 반 설렘 반으로 노크를 한다.
한 조각 남은 양심마저 버리고
꽃 보러 왔다.

덥석 안아다 한 아름
촉감이 아기 볼이다
왜 찾아오는지 알 수가 없다
심장까지 파고드는 향기 때문인가
늘 새롭게 피어있는 꽃 때문인가

식물도감에서도 찾을 수 없는
천상의 꽃
그곳에는 늘 피어있다
꽃길을 거닐다 보면 참을 수 없던 아픔도
춤추던 맥박도 평온을 찾는다.

현대 의학으로도 풀리지 않는 그 이유를 모르겠다

— '연구 중' 전문

그러나 이 같은 시를 통해 그를 보는 것보다는 그의 77년 생애에 렌즈를 대면 더욱 확실하고 또렷한 '인간 오고의'를 만날 수 있게 된다.

충북 지역에 사진예술의 새 지평을 열고도 생색 한 번 내지 않는 사람 오고의를, 전 생애를 통해 늘 감사와 고마운 사람들만 기억하고자 하는 사람 오고의를, 가난했어도 비굴하지 않았고 누구를 원망해 보지 않았던 사람 오고의를 우리는 오래 기억해야 한다.

그리하여 겸양謙讓과 사진엔 박사博士급인 오고의 형의 시사집 '빙점의 영혼이여' 출간이 그 누구의 저서보다 깊은 울림을 주고 있음에 대하여 모두는 감사와 축하의 인사를 전했으면 좋겠다.

2019년 무심천에 벚꽃 핀 날

시와 사진 **빙점의 영혼이여**

초판 1쇄 2019년 6월 30일
글·사진 오고의

펴낸이 은보람
펴낸곳 도서출판 달과소
출판등록 2010년 6월 21일 제2010-000054호
주소 우) 04336 서울시 용산구 두텁바위로 101-1(후암동)
전화 02-752-1895 | 팩스 02-752-1896
전자우편 book@dalbooks.com / dalnso@daum.net
홈페이지 www.dalbooks.com
찍은곳 한빛인쇄
ISBN 978-89-91223-72-1 [03810]

이 도서의 국립중앙도서관 출판예정도서목록(CIP)은 서지정보유통지원시스템 홈페이지(http://seoji.nl.go.kr)와 국가자료공동목록시스템(http://www.nl.go.kr/kolisnet)에서 이용하실 수 있습니다. (CIP제어번호: CIP2019023539)

이 책은 충북문화재단의 문예자금 일부를 지원받아 제작되었습니다.